Der Universalschlüssel
zur Meisterschaft deines Selbst

Sri Darwin Gross

Der Universalschlüssel
zur Meisterschaft deines Selbst

Amerikanischer Originaltitel:
Universal Key to Self-Mastery

Copyright © 1988 by Darwin Gross

ISBN # 0-931689-07-4

Übersetzung: Studiengruppe Deutschland

Einbandgestaltung: Clemens Ruben Behr

Copyright © 1993 von Darwin Gross

Gedruckt in der Bundesrepublik Deutschland

Kursmaterial von Charles F. Haanel - Copyright bis 1917.

Überarbeitet, modernisiert und auf den neuesten Stand gebracht von Darwin Gross und Mitarbeitern.

Darwin Gross benutzte das Material eines 24-teiligen Kurses, „The Master Key" (Der Hauptschlüssel), den Charles F. Haanel vor vielen Jahren schrieb. Darwin Gross gab es neu heraus, brachte es auf den neuesten Stand, modernisierte es für den Menschen der heutigen Zeit, der aufnahmebereit ist für die Möglichkeit, seine Individualität und seine in ihm schlummernden spirituellen Fähigkeiten zu entwickeln.

Herausgeber:
Darwin Gross
PO Box 68290
Oak Grove, OR 97268
USA

Inhaltsverzeichnis

*Individualität ist die Fähigkeit des
Menschen, seine eigenen latenten
Möglichkeiten zu entfalten, sich selbst
Gesetz zu sein, mehr am Laufen als am
Ziel interessiert zu sein. Sie ist eine reale
Fähigkeit, die in allen schlummert.
Diese Kraft zu entwickeln und
sie auch konsequent auszudrücken,
befähigt den Menschen, seine Schritte
zu lenken und zu verantworten.*

Kapitel 1

Das Nervensystem und der Solarplexus

Die innere Welt ist die universale Versorgungsquelle,
und die äußere Welt ist der Auslaß für den Strom.

Alles, was du bist, und alles, was du besitzt, beruht auf Bewußtheit. Aller und jeder Gewinn ist das Ergebnis akkumulierter Bewußtheit. Eine Ausnahme ist, wenn dir eine Erbschaft zufällt. Jeder deiner Verluste ist das Ergebnis einer gestreuten, nicht konzentrierten Bewußtheit. In jeder Dimension begegnet man der Widerspiegelung dieser Wahrheit; denn je mehr du erwirbst, desto mehr wirst du an dich ziehen können, und umgekehrt; je mehr du verlierst, desto weniger wirst du anziehen. Das Bewußtsein* ist schöpferisch, und die Umstände, das Umfeld und alle Erfahrungen im Leben sind das Ergebnis unserer gewohnheitsmäßigen oder vorherrschenden Bewußtseinshaltung. Die Bewußtseinshaltung hängt zwangsläufig von dem ab, was wir denken. Das Geheimnis aller Leistungsfähigkeit, aller Erfolge und allen Besitzes ist darum durch unsere Denkweise bedingt.

Das ist wahr, weil wir einfach „sein" müssen, ehe wir „tun" können, und „tun" können wir nur in dem Maße, in dem wir

---

* Engl. mind; mens (lat.); manas (Sanskrit). Der deutsche Begriff „Verstand" umfaßt nicht die gesamte Bedeutung des englischen Begriffs „mind". Der englische Begriff „mind" wurde je nach Sinnzusammenhang mit Verstand, Geist, Bewußtsein, Intellekt oder Verstandesbewußtsein wiedergegeben.

„sind", und was wir „sind", hängt von dem ab, was wir „denken". Wir können keine Kräfte zum Ausdruck bringen, die wir nicht besitzen, und die einzige Weise, sich Kraft anzueignen, ist, sich der Kraft bewußt zu werden, und wir können uns erst der Kraft bewußt werden, wenn wir lernen, daß alle Kraft von innen kommt, wobei die Kraft Licht und Ton ist.

Es gibt eine innere Welt; eine Welt des Denkens, des Fühlens und der Kraft, des Lichts, des Lebens und der Schönheit. Obwohl diese Welt unsichtbar ist, sind ihre Kräfte gewaltig. Diese Welt wird durch das Verstandesbewußtsein regiert. Wenn wir die innere Welt entdecken, werden wir die Lösung für jedes Problem und die Ursache einer jeden Konsequenz finden, und da diese Welt unter unserer Kontrolle steht, unterliegen alle Gesetze von Macht und Besitz ebenso unserer Kontrolle.

Die äußere Welt ist ein Abbild der inneren Welt, denn was im äußeren Leben erscheint, hat seinen Ursprung im Innern. Die innere Welt enthält unbegrenzte Weisheit, unbegrenzte Kraft und einen unbegrenzten Vorrat an allem, was man braucht, und all das wartet darauf, sich zu entfalten, zur Entwicklung und zum Ausdruck zu kommen. Wenn wir diese Entwicklungsmöglichkeiten in unserer inneren Welt erkennen, werden sie in unserer äußeren Welt Gestalt annehmen.

Harmonie in unserer inneren Welt wird sich durch harmonische Umstände und eine angenehme Umgebung kundtun, und sie läßt von allem das Beste in unserer äußeren Welt zutage treten. Diese Harmonie ist die Grundlage für Gesundheit, und sie ist die Grundvoraussetzung für alle Größe, alle Kraft, alle Selbstverwirklichung, alle Leistung und allen Erfolg. Harmonie in unserer inneren Welt bedeutet, daß wir

Herr unserer Gedanken und damit in der Lage sind, selbst zu bestimmen, in welcher Weise eine Erfahrung uns beeinflussen wird. Diese Harmonie führt zu Optimismus und Fülle, denn Fülle im Innern führt zu Fülle im Äußeren.

Die äußere Welt spiegelt die Umstände und Zustände des inneren Bewußtseins. Wenn wir Weisheit in unserer inneren Welt finden, werden wir das Gespür haben, unsere latenten Fähigkeiten zu erkennen. Auch wird uns die Kraft gegeben werden, diese Entfaltungsmöglichkeiten in der äußeren Welt umzusetzen.

Sobald wir uns der inneren Weisheit bewußt werden, eignen wir sie uns geistig an. Indem wir sie uns geistig aneignen, erwerben wir die Fähigkeit und die Weisheit, die für unsere vollkommene und harmonische Entwicklung nötig sind. Unsere innere Welt ist die eigentliche, tatsächliche Welt und ist der Bereich, in dem starke Männer und Frauen Mut, Hoffnung, Enthusiasmus, Zuversicht, Vertrauen und Glauben erzeugen. Sie ist der Bereich, in dem sie auch die Intelligenz und die praktische Fertigkeit erlangen, die Vision zu haben und sie in die Wirklichkeit zu übertragen.

Das Leben ist Entfaltung, nicht Nebenprodukt des Wachstums. Was uns in der äußeren Welt begegnet, ist das, was wir im Innern bereits besitzen. Geistige Leistungsfähigkeit hängt von Harmonie ab. Disharmonie bedeutet Unordnung; daher muß der Mensch, der sich Kraft aneignen will, Harmonie herstellen, d.h. im Einklang mit der Gesetzmäßigkeit seines Wesens sein. Wir stehen durch das Verstandesbewußtsein mit der äußeren Welt in Verbindung. Das Gehirn ist das Organ des Verstandes, und durch das zentrale Nervensystem stehen wir bewußt mit jedem Teil des Körpers in Verbindung. Dieses Nervensystem reagiert auf jede Wahrnehmung von Licht,

Wärme, Geruch, Klang und Geschmack. Wenn der Verstand richtig arbeitet, wenn er die Wahrheit versteht, wenn die Gedanken, die durch das zentrale Nervensystem zum Körper geschickt werden, im Einklang sind mit dem Gesetz unseres Seins, sind diese Wahrnehmungen angenehm, harmonisch, und die Resultate sind aufbauend.

Mit Hilfe des bewußten Verstandes bauen wir Lebens kraft und alle schöpferischen Kräfte in unseren Körper ein, aber durch dieses gleiche Organ gelangen auch aller Kummer, alle Krankheit, aller Mangel, alle Begrenztheit und jede Form von Zwietracht und Disharmonie in unser Leben. Durch falsches Denken bringt uns der bewußte Verstand auch mit allen zerstörerischen Kräften in Verbindung.

Durch das Unterbewußtsein sind wir mit der inneren Welt verbunden. Der Solarplexus ist der Sitz des Unterbewußtseins. Das sympathische Nervensystem regiert alle subjektiven Wahrnehmungen und Empfindungen, wie Freude, Furcht, Liebe, Emotion, Atmung, Imagination und alle an deren unbewußten Erscheinungsformen.

Durch das Unterbewußtsein sind wir mit dem Universalen Bewußtsein verbunden und treten mit dem Inneren Meister und den unendlichen, aufbauenden Kräften des Universums in Verbindung. Der Solarplexus, das Organ des Unterbewußtseins, verbindet uns mit der inneren Welt, und dadurch, daß wir das Bewußtsein und das Unterbewußtsein aufeinander abstimmen und ihre Funktionen verstehen, kommen wir hinter das Geheimnis des Lebens. Mit diesem Wissen können wir diese beiden Aspekte des Bewußtseins zu bewußter Zusammenarbeit bringen und damit das Endliche und das Unendliche koordinieren. Wir haben unsere Zukunft ganz und

gar selbst in der Hand. Sie hängt nicht von der Gunst willkürlicher oder ungewisser äußerer Mächte ab.

Es gibt nur ein einziges Bewußtseinsprinzip, das das gesamte Universum durchdringt, allen Raum einnimmt und im
wesentlichen an jedem Ort seiner Präsenz sich selbst gleich
bleibt. Es ist allmächtig, allwissend und allgegenwärtig. Alle
Gedanken und Dinge sind in Ihm. Es ist Alles in Allem. Es
gibt im Universum nur ein einziges Bewußtsein, das denken
kann, und wenn es denkt, nehmen seine Gedanken Gestalt
an.

Da dieses Bewußtsein allgegenwärtig ist, muß es auch in
jedem einzelnen gegenwärtig sein. Jeder einzelne muß eine
Manifestation dieses allmächtigen, allwissenden und allge-
genwärtigen Bewußtseins sein. Da es nur ein Bewußtsein im
Universum gibt, das zu denken imstande ist, folgt daraus
notwendigerweise: Dein Bewußtsein ist identisch mit dem
Universalen Bewußtsein, oder mit anderen Worten, alles Bewußtsein beruht auf einem Bewußtsein. Um diese Schlußfolgerung kommen wir nicht herum. Das in deinen Gehirnzellen
konzentrierte Bewußtsein ist dasselbe Bewußtsein, das sich
im Gehirn des Universalen oder Kosmischen Bewußtseins
konzentriert.

Das Universale Bewußtsein ist statische oder potentielle
Energie; es ist einfach. Es kann sich nur durch das Individuum
verkörpern, und das Individuum kann sich nur durch das
Universale verkörpern. Sie sind eins. Die Denkfähigkeit des
Individuums ist seine Fähigkeit, auf das Universale einzuwir-
ken und es „ins Dasein zu rufen".

Menschliches Bewußtsein besteht lediglich in der Fähigkeit des Menschen zu denken. Denken ist die vibrierende
Kraft, die bei der Umwandlung des statischen Bewußtseins

5

in dynamisches Bewußtsein entsteht. Da die Summe aller Merkmale im Universalen Bewußtsein enthalten ist, das allmächtig, allwissend und allgegenwärtig ist, müssen diese Merkmale in jedem Individuum zu jeder Zeit in ihrer potentiellen Form gegenwärtig sein. Wenn der einzelne denkt, ist der Gedanke von Natur aus also gezwungen, sich in einer Situation zu verkörpern, die seinem Ursprung entspricht. Jeder Gedanke ist daher eine Ursache, und jede Situation eine Wirkung. Aus diesem Grund ist es absolut notwendig, daß man Herr seiner Gedanken ist, um nur wünschenswerte Umstände hervorzurufen.

Alle Kraft kommt von innen und steht vollkommen unter deiner Kontrolle. Sie ist das Ergebnis exakten Wissens und exakter Prinzipien, die man aus freien Stücken anwendet. Eines sollte einem klar sein: Sobald man dieses Gesetz gut versteht und in der Lage ist, seine Gedankenprozesse zu kontrollieren, kann man es auf jede Situation anwenden. Mit anderen Worten, man hat angefangen, bewußt mit dem allmächtigen Gesetz zusammenzuarbeiten, das die Grundlage aller Dinge ist. Das Universale Bewußtsein ist das Lebensprinzip eines jeden Atoms, das existiert. Alle sind ständig bestrebt, mehr Leben zu manifestieren; alle sind intelligent, und alle versuchen, dem Zweck zu dienen, zu dem sie erschaffen wurden.

Die Mehrheit der Menschen lebt in der äußeren Welt. Wenige haben die innere Welt gefunden, und doch ist es die innere Welt, die die äußere formt. Die innere Welt ist eins mit dem Universalen, mit der Welt, in der *„wir leben, uns bewegen und existieren"*, dem großen kreativen Prinzip des Universums. Die innere Welt ist kreativ, während alles, was du im Äußeren findest, von dir von innen heraus geschaffen wurde.

Das System des Universalschlüssels wird dir helfen, die Kraft zu verwirklichen, über die du verfügen wirst, sobald du die Beziehung zwischen deinen äußeren und inneren Welten verstehst - den Inneren Meister. Die innere Welt ist die Ursache, und die äußere Welt ist ihre Auswirkung. Um die Auswirkung zu ändern, mußt du die Ursache ändern. Das ist eine von Grund auf neue und völlig andere Vorstellung, denn die meisten Menschen versuchen, Auswirkungen zu verändern, indem sie mit Auswirkungen arbeiten. Sie übersehen, daß dies einfach bedeutet, eine Sorge gegen eine andere einzutauschen. Um Disharmonie zu beseitigen, müssen sie ihre Ursache beseitigen, und die Ursache kann man nur im Innern finden.

Niemand ist frei, während er sich im menschlichen Bewußtseinszustand befindet, der ein Schatten der Wirklichkeit ist. Jeder, der hier in dieser physischen Welt lebt, ist den Gesetzen von Zeit, Raum und Energie, den Gesetzen von Materie, Wirtschaft, Rasse, Religion und Nationalität unterworfen. Das ist eine Abstimmung auf den Bereich der Sinne, die wir im menschlichen Bewußtseinszustand getroffen haben. Sobald wir darauf verzichtet und aufgrund unserer inneren Meisterschaft die wahre Verheißung Gottes, den Inneren Meister, akzeptiert haben, beginnt der Übergang vom menschlichen Selbst zum spirituellen Selbst sich zu vollziehen.

Die innere Welt ist die universale Versorgungsquelle, und die äußere Welt ist der Auslaß für den Strom. Unsere Fähigkeit zu empfangen hängt ab von unserer Fähigkeit, diese universale Quelle, diese unerschöpfliche Energie zu erkennen und Träger für sie zu sein. Jedes Individuum ist Verteiler dieser Energie und damit eins mit jedem anderen Individuum. Alles Wachstum kommt von innen. Dies zeigt sich überall in der Natur. Jede Pflanze, jedes Tier und jeder Mensch sind der lebende

Beweis für dieses große Gesetz, und man machte zu allen Zeiten den Fehler, Stärke und Macht im Äußeren zu suchen.

Wenn man dieses Gesetz praktisch versteht, setzt man Reichtum an die Stelle von Armut, Weisheit an die von Ignoranz, Harmonie an die von Zwietracht und Freiheit an die von Tyrannei. Es kann mit Sicherheit keine größeren Segnungen geben als diese. Die drei Stufen, welche die Voraussetzung für die Verwirklichung deines Wunsches sind, sind Idealisierung, Visualisierung und Manifestation. Der erste Schritt ist, den Samen in die Erde zu legen. Dies sollte in der Stille geschehen, doch wissen nur wenige von uns, was Stille ist. Sie ist ein physischer Ruhezustand. Die benötigte Zeit liegt zwischen fünfzehn Minuten und einer halben Stunde täglich.

Such dir einen Raum, in dem du allein und ungestört sein kannst. Setz dich aufrecht und bequem hin, doch laß dich nicht hängen. Laß deine Gedanken umherschweifen, wo immer sie wollen, sei jedoch vollkommen ruhig, und halte Ausschau nach dem inneren Licht. Fahre damit fort, bis du den physischen Teil deines Wesens völlig unter Kontrolle hast. Viele werden es äußerst schwierig finden, andere werden es mit Leichtigkeit schaffen, aber es ist eine Grundvoraussetzung, den Körper völlig zu beherrschen, ehe du in der Lage bist weiterzugehen.

„Man glaubt, daß das Verstandesbewußtsein
an sich eine subtile Form statischer Energie ist,
von der die Aktivitäten, die man Denken nennt, aus-
gehen, worin die dynamische Phase des Verstandes
liegt. Der Verstand ist statische Energie,
Denken ist dynamische Energie –
das sind die beiden Phasen derselben Sache."
Walker

Kapitel 2

Die Arbeitsweise des Verstandes

Gott ist nicht am menschlichen Bewußtsein inter-
essiert, sondern nur an der Fortdauer des Lebens.
Diese Tatsache ist schockierend.

Die Arbeitsweisen des Verstandes kommen durch zwei parallel ablaufende Vorgänge zustande, von denen einer bewußt, der andere unbewußt ist. Nach einer alten Redensart ist der Mensch, der seine mentale Tätigkeit durch sein eigenes Bewußtsein zu erleuchten versucht, jemandem vergleichbar, der versucht, das Universum mit einer Kerze zu beleuchten.

Die unbewußten, logischen Prozesse laufen mit einer Sicherheit und Regelmäßigkeit ab, die undenkbar wären, wenn es die Möglichkeit des Irrtums gäbe. Unser Verstand legt die Grundlagen für unser Verstehen, obwohl wir nicht wissen, wie er arbeitet. Der Innere Meister arbeitet unerkannt, einem Fremden gleich, zu unserem Wohle und schafft im spirituellen Bereich die Voraussetzungen dafür, wobei er uns unserem Karma gemäß nur die ausgereiften Früchte dieses Wirkens in den Schoß fallen läßt. Somit zeigt die Analyse unserer Denkvorgänge, daß das Unterbewußtsein der Schauplatz der wichtigsten mentalen Phänomene ist.

Eben durch das Unterbewußtsein müssen Menschen wie Shakespeare mühelos große Wahrheiten verstanden haben, die dem bewußten Verstand verborgen sind; und genauso hat Phidias Marmor und Bronze geformt, Raphael Madonnen gemalt und Beethoven Sinfonien komponiert. Leichtigkeit und Perfektion hängen ganz davon ab, bis zu welchem Grad es uns gelingt, vom Bewußtsein unabhängig zu werden. Klavierspielen, Schlittschuhlaufen, Maschinenschreiben und die handwerkliche Geschicklichkeit verdanken die zu ihrer Ausübung erforderliche Perfektion der Arbeitsweise des Unterbewußtseins. Die erstaunliche Fähigkeit, ein brillantes Musikstück auf dem Klavier zu spielen, und gleichzeitig eine lebhafte Unterhaltung zu führen, zeigt, wie hervorragend unsere unterbewußten Fähigkeiten sind.

Wir sind uns alle dessen bewußt, wie sehr wir vom Inneren Meister abhängen, und je größer, je edler, je geistreicher unsere Gedanken sind, desto offensichtlicher ist es, daß ihr Ursprung außerhalb unseres bewußten Denkens liegt. Wir haben Taktgefühl, Instinkt, ein Auge für Schönheit usw., und des Ursprungs all dessen sind wir uns völlig unbewußt. Der Wert dieses unbewußten Führers ist unermeßlich. Er inspiriert uns; er warnt uns; er liefert uns Namen, Fakten und Bilder aus dem Speicher der Erinnerung; er leitet unsere Gedanken und Neigungen und erfüllt Aufgaben, die so kompliziert sind, daß kein bewußter Verstand sie lösen könnte, selbst wenn er die Fähigkeit dazu hätte.

Wir können nach Belieben gehen. Wir können unsere Arme heben, wann immer wir wollen. Wir können unsere Aufmerksamkeit mit den Augen oder Ohren auf jeden beliebigen Gegenstand richten. Doch im Gegensatz dazu können wir unseren Herzschlag und den Blutkreislauf nicht unterbrechen, und das Wachstum unseres Körpers, die Entwicklung der Nerven und des Muskelgewebes, den Knochenbau und viele andere lebenswichtige Prozesse nicht aufhalten.

Wenn wir diese beiden Gruppen von Tätigkeiten vergleichen, sehen wir, daß die eine einem Befehl des Willens zu einem bestimmten Zeitpunkt folgt, während die andere ständig ihren eigenen majestätischen, rhythmischen, gleichbleibenden Verlauf hat. Diese geheimnisvollen Lebensprozesse unseres physischen Lebens wurden absichtlich der Lenkung durch unseren äußeren Willen mit seinen Schwankungen und seiner Wechselhaftigkeit entzogen und der Kontrolle dieser dauerhaften und zuverlässigen Kraft in uns, dem Spirit, unterstellt.

Die äußere, wandelbare dieser Kräfte wurde der „bewußte Verstand" oder „objektive Verstand" genannt - der sich mit äußeren Dingen beschäftigt - während die innere Kraft „unterbewußter Verstand" oder „subjektiver Verstand" genannt wird. Neben seiner Arbeit auf der mentalen Ebene kontrolliert der letztere die ständig ablaufenden Funktionen, die physisches Leben möglich machen. Es ist notwendig, ein klares Verständnis ihrer jeweiligen Funktionen auf der mentalen Ebene, wie auch bestimmter anderer grundlegender Prinzipien zu haben. Der bewußte Verstand, der mit Hilfe der fünf Sinne Eindrücke wahrnimmt und in Aktion ist, befaßt sich mit den Eindrücken und Dingen des äußeren Lebens.

Der bewußte Verstand hat Unterscheidungsvermögen und bringt die Verantwortlichkeit der Wahl mit sich. Er hat die Fähigkeit der induktiven, der deduktiven und der analytischen Beweisführung, die zu einem hohen Grade entwickelt werden kann. Im bewußten Verstand sitzt der Wille mit all den Energien, die von ihm ausgehen, und er kann nicht nur auf den Verstand anderer Menschen einwirken, sondern er kann auch das Unterbewußtsein steuern. Auf diese Weise wird der bewußte Verstand der Herrscher und Wächter des Unterbewußtseins, und mit dieser herausragenden Funktion kann er deine Lebensumstände vollkommen umkehren.

Es kommt oft vor, daß negative Zustände, wie Furcht, Armut, Krankheit, Disharmonie und Übel aller Art, uns aufgrund trügerischer Suggestionen beherrschen, die vom unbewachten Unterbewußtsein akzeptiert wurden. Doch durch wachsame schützende Maßnahmen kann der geschulte bewußte Verstand all dies verhindern. Er wird „der Wächter am Tor" zur großen Domäne des Unterbewußten genannt. Ein Schriftsteller hat den Hauptunterschied zwischen den beiden Aspekten des Bewußtseins folgendermaßen ausgedrückt: *„Der bewußte Verstand ist logisch denkender Wille. Das Unterbewußtsein ist instinktives Verlangen und ist das Ergebnis logisch denkenden Willens in der Vergangenheit."*

Das Unterbewußtsein zieht wohlbegründete und exakte Schlußfolgerungen aus Fakten, mit denen es von äußeren Quellen versorgt wird. Wenn die Voraussetzung stimmt, zieht das Unterbewußtsein fehlerlose Schlußfolgerungen, doch wenn die Voraussetzung oder die Suggestion auf einem Irrtum beruht, bricht das gesamte Gebäude zusammen. Das Unterbewußtsein befaßt sich nicht mit der Überprüfung von Fakten. Es verläßt sich darauf, daß der bewußte Verstand, „der Wächter am Tor", es vor irrigen Eindrücken schützt.

Sobald das Unterbewußtsein eine Suggestion als wahr angenommen hat, beginnt es sofort, darauf zu reagieren, obwohl der bewußte Verstand entweder Wahrheit oder Irrtum suggerieren kann. Falls die Suggestion ein Irrtum ist, besteht das Risiko, daß die gesamte Existenz in Gefahr gerät. Der bewußte Verstand muß während des Wachseins jede Minute auf der Hut sein. Wenn der „Wächter seinen Posten verlassen" hat oder wenn sein gesundes Urteilsvermögen aus verschiedenen Anlässen aussetzt, ist das Unterbewußtsein unbewacht und Suggestionen von allen Seiten preisgegeben.

Der Mensch ist äußerst verwundbar, während er sich in Panikzuständen, wie Zorn und zügelloser Leidenschaft befindet, oder wenn er unter den Einfluß eines unzurechnungsfähigen Mobs gerät. Das Unterbewußtsein ist dann Suggestionen von Furcht, Haß, Selbstsucht, Habgier, Selbsterniedrigung und anderen negativen Kräften ausgesetzt, die von den Menschen und Ereignissen um ihn herum ausgehen. Das Resultat ist im allgemeinen äußerst schädlich und von schmerzhaften Auswirkungen begleitet, die lange Zeit anhalten können; daher ist es äußerst wichtig, das Unterbewußtsein vor falschen Eindrücken zu „beschützen".

Die Wahrnehmungen des Unterbewußtseins laufen über die Intuition; seine Wahrnehmungsprozesse gehen rasch vor sich. Es wartet nicht die langsame Arbeitsweise bewußter Überlegungen ab, und in Wirklichkeit kann es sie auch nicht verwenden. Das Unterbewußtsein schläft nie und ruht genauso wenig wie dein Herz oder dein Blut. Man hat folgendes herausgefunden: Wenn man dem Inneren Meister auf einfache Weise bestimmte Dinge nennt, die verwirklicht werden sollen, dann werden Kräfte aktiviert, die zum gewünschten Resultat führen. Hier ist also die Quelle der Macht, die uns mit der Allmacht in Kontakt bringt. Das ist ein tiefgreifendes Prinzip, das unseres ernsthaften Studiums wohl wert ist.

Wer die Hingabe an den Inneren Meister praktisch durchführt, merkt, daß dann, wenn er schwierige Situationen erwartet, „etwas" vor ihm da gewesen ist und die vermuteten Schwierigkeiten aufgelöst hat. Alles ist verändert, und alles ist harmonisch. Sobald ein schwieriges geschäftliches Problem auftaucht, erlebt er, daß er die Antwort aufschieben kann und „etwas" ihm die richtige Lösung eingibt. Alles ist in genau richtiger Weise arrangiert. Und wirklich entdecken jene, die gelernt haben, dem Inneren Meister zu vertrauen, daß ihnen unendliche Ressourcen zur Verfügung stehen. Das Unterbewußtsein ist der Sitz unserer Prinzipien und Bestrebungen. Es ist die Quelle unserer künstlerischen und uneigennützigen Ideale. Diese Instinkte können nur durch einen durchdachten und schrittweisen Prozeß der Unterwanderung der angeborenen Prinzipien umgeworfen werden.

Gott ist nicht am menschlichen Bewußtsein interessiert, sondern nur an der Fortdauer des Lebens. Diese Tatsache ist schockierend. Sein starkes Interesse gilt dem Versuch, das menschliche Bewußtsein dazu zu bringen, sich zu öffnen, so daß Spirit in die äußere Welt der Materie, der Energie, des Raumes und der Zeit fließen kann. Er weiß alles, was in Seinen Welten vor sich geht; er hört selbst das Zirpen einer Grille; doch Er ist nicht an den Problemen interessiert, die die Menschen sich selbst schaffen. Wir müssen unsere eigene Lösung für unsere Lebensumstände auf dieser physischen Daseinsebene finden. Es ist nicht schwer, Probleme zu lösen, wenn wir dem spirituellen Gesetz folgen und uns nicht durch die Menschen ablenken lassen, die es nicht kennen.

Durch den objektiven Verstand entdecken wir den äußeren Meister, welcher der Hauptträger des Spirit in den Bereichen der Materie, der Energie, des Raumes und der Zeit ist. Dies tritt ein, nachdem wir gelernt haben, in Harmonie mit Spirit, unserem höheren Selbst, der Seele, und dem Inneren Meister zu arbeiten. Dann fangen wir an, bewußt mit unserem Unterbewußtsein und dem Inneren Meister zusammenzuarbeiten, der zu unserem Wegweiser wird, bis wir alles gelernt haben, was wir zur Meisterung unseres Selbst benötigen. Der innere und äußere Meister gibt uns dann frei, damit wir unabhängig mit Spirit arbeiten, als Mitarbeiter mit dem Unendlichen.

14

Das Unterbewußtsein kann nicht kontrovers argumentieren. Wenn es doch falsche Suggestionen akzeptiert, besteht die Methode der Überwindung darin, stark entgegengesetzte Suggestionen einzusetzen, die das Unterbewußtsein akzeptieren muß, wenn sie häufig wiederholt werden. Mit der Zeit wird das Unterbewußte unter der Führung des Inneren Meisters neue und heilsame Verhaltensweisen in der Denkart und im Leben schaffen, denn es ist der Sitz aller Gewohnheiten. Was wir immer und immer wieder tun, wird mechanisch. Es ist kein Beurteilungsvorgang des bewußten Verstands mehr, sondern es ist zu einer Prägung im Unterbewußtsein geworden. Dies ist vorteilhaft für uns, wenn die Gewohnheit förderlich und richtig ist. Wenn sie aber nachteilig und falsch ist, kann man dadurch Abhilfe schaffen, daß man die Allmacht des Unterbewußtseins anerkennt und suggeriert, frei von der betreffenden Gewohnheit zu sein. Da das Unterbewußte kreativ und eins mit dem Inneren Meister und unserer Göttlichen Quelle ist, wird es sofort die Freiheit schaffen, die wir ihm suggeriert haben.

Zusammenfassend sei gesagt, die normalen Funktionen des Unterbewußten auf der physischen Seite stehen zu den regulären, lebenswichtigen Prozessen in Beziehung: Der Erhaltung des Lebens, der Wiederherstellung der Gesundheit und der Fürsorge für die Nachkommenschaft, was einen instinktiven Wunsch, alles Leben zu erhalten und Umstände im allgemeinen zu verbessern, einschließt. Auf der geistigen Seite ist es der Speicher der Erinnerungen. Das Unterbewußte beherbergt die wunderbaren Gedankenboten, die arbeiten, ohne von Zeit und Raum beeinträchtigt zu werden. Es ist die Quelle der praktischen, instinktiven und konstruktiven Lebenskräfte: Es ist der Sitz der Gewohnheit. Auf der spirituellen Seite ist es die Quelle der Ideale, der Bestrebungen und der Imagination, und es ist der Kanal, durch den wir unseren göttlichen Ursprung erkennen.

Sobald wir erkennen, daß wir Seele und göttlicher Natur sind, verstehen wir die Quelle der Kraft. Man mag fragen: „Wie kann das Unterbewußtsein Umstände verändern?" Die Antwort lautet, weil das Unterbewußtsein Teil des Universalen Bewußtseins ist, und jeder Teil muß nach Art und Qualität gleich dem Ganzen sein. Der einzige Unterschied besteht im Ausmaß. Das Ganze, wie wir wissen, ist kreativ. Tatsächlich ist es der einzige Schöpfer, den es gibt; demzufolge ist das Bewußtsein kreativ. Da Denken die einzige Tätigkeit ist, die das Bewußtsein ausführen kann, ist das Denken ebenso kreativ.

Dennoch ist es ein gewaltiger Unterschied, ob wir einfach nur denken oder ob wir unser Denken bewußt, systematisch und konstruktiv lenken. Wenn wir letzteres tun, harmonisieren wir unser Bewußtsein mit dem Universalen Bewußtsein; wir stimmen uns auf das Unendliche ein, und wir lassen die mächtigste Kraft, die es gibt, zur Wirkung kommen - die kreative Kraft des Universalen Bewußtseins. Es wird, wie alles andere, durch das natürliche „Gesetz der Anziehung" beherrscht, welches besagt, daß das Bewußtsein kreativ ist und sich automatisch mit seinem Objekt in Beziehung setzen und es erschaffen wird.

Anziehung kann nur durch einen stärkeren Zug in eine andere Richtung neutralisiert werden, so und nicht anders. Also ist die einzige Weise, einen unliebsamen Wunsch loszuwerden, einen besseren in entgegengesetzter Richtung zu etablieren. Das ist das universale Gesetz. Wenn man es auf unsere individuellen und sozialen Probleme von heute anwenden könnte, würde die Gesellschaft bald bessere Lebensbedingungen entwickeln. Der Meister verschwendet seine Energie nicht damit, uns Vorträge über die Übel der niederen Wünsche zu halten. Statt dessen setzt er uns etwas vor, was ihren Platz einnehmen soll, wodurch die Seele und der Verstand auf höhere Ebenen angehoben werden.

Ich habe dir zuvor eine Übung gegeben, damit du Kontrolle über den physischen Körpers erlangst. Wenn du das erreicht hast, bist du für den nächsten Schritt bereit. Dieses Mal wirst du damit beginnen, deine Gedanken zu lenken. Benutze immer denselben Raum, denselben Stuhl, und nimm, wenn möglich, dieselbe Haltung ein. Wenn sich das nicht gut durchführen läßt, mache einfach das Beste aus den verfügbaren Gegebenheiten. Komm nun, wie vorher, ganz zur Ruhe, doch vermeide alle Gedanken, und schaue nach dem Licht im Innern, oder höre auf den Ton. Dies wird dir die Kontrolle über alle Gedanken der Sorge, des Kummers und der Furcht geben und es möglich machen, daß du nur die Gedanken hast, die du möchtest. Setze diese Übung fort, bis du sie vollkommen beherrschst.

Du wirst dies nicht länger als ein paar Augenblicke auf einmal tun können, doch ist die Übung wertvoll, da sie dir vor Augen führt, wie groß die Anzahl der Gedanken ist, die ständig versuchen, Zugang zu deiner mentalen Welt zu bekommen. Jeder, der kontemplative Übungen macht, weiß das. Als nächstes wirst du Instruktionen für eine Übung erhalten, die vielleicht ein bißchen interessanter ist, doch versuche und bewältige diese zuerst.

„Ursache und Wirkung sind im verborgenen Reich der Gedanken genauso absolut und unverbrüchlich wie in der Welt der sichtbaren und materiellen Dinge.

Das Verstandesbewußtsein ist der Meisterweber,
sowohl des inneren Gewandes, des Charakters, als
auch des äußeren Gewandes, der Umstände."

James Allen

Kapitel 3

Wissen über das Selbst - die Seele

Dieses Energiezentrum ist allmächtig, weil es der Kontakt-
punkt zu allem Leben und aller Intelligenz ist. Darum
kann es alles erreichen, was ihm aufgetragen wird.

Die Wechselwirkung zwischen dem bewußten Verstand und dem Unterbewußtsein verlangt eine ähnliche Wechselwirkung zwischen den entsprechenden Nervensystemen. Richter Troward wies die Methode nach, mit deren Hilfe diese Wechselwirkung erreicht wird. Er legte dar, daß das Zentralnervensystem das Organ des bewußten Verstandes sei und das sympathische Nervensystem das Organ des Unterbewußtseins. Das Zentralnervensystem ist der Kanal, über den wir bewußte Wahrnehmung von den physischen Sinnen erhalten und die Kontrolle über die Körperbewegungen ausüben. Der Mittelpunkt dieses Nervensystems befindet sich im Gehirn.

Das Zentrum des sympathischen Nervensystems liegt im Nervengeflecht hinter dem Magen, Solarplexus genannt, und es ist der Kanal derjenigen mentalen Tätigkeit, die unbewußt die Lebensfunktionen des Körpers steuert. Die Verbindung zwischen beiden Systemen erfolgt durch den Vagusnerv, der als Teil des durch den Willen beherrschten Systems vom Gehirn bis zum Brustkorb reicht. Dieser verzweigt sich zum Herzen und zur Lunge hin und führt zuletzt durch das Zwerchfell, wo er seine äußere Ummantelung verliert und eins wird mit den Nerven des sympathischen Nervensystems. Dabei fungiert er als Bindeglied zwischen beiden Systemen und macht den Menschen zu einer physischen Einheit.

Wir haben gesehen, daß jeder Gedanke vom Gehirn empfangen wird, welches das Organ des bewußten Verstandes ist. Hier wird er unserem Urteilsvermögen unterzogen. Sobald der bewußte Verstand sich davon überzeugt hat, daß der Gedanke richtig ist, wird er zum Solarplexus, dem Gehirn des Unterbewußtseins, gesandt, damit wir ihn uns einverleiben und ihn als Realität in die Welt übertragen. Er ist dann für keine Einwände mehr empfänglich; denn das Unterbewußtsein kann nicht argumentieren; es agiert nur. Es akzeptiert die Schlußfolgerungen des Verstandes als endgültig.

Man hat den Solarplexus als Sonne des Körpers betrachtet, weil er der zentrale Punkt für die Verteilung der Energie ist, die der Körper ständig erzeugt. Diese Energie ist eine sehr reale Energie, und diese Sonne ist eine sehr reale Sonne, und die Energie wird von sehr realen Nerven an alle Teile des Körpers weitergeleitet. Sie wird an eine Atmosphäre abgegeben, die den Körper umhüllt. Wenn die Ausstrahlung hinreichend stark ist, bezeichnet man denjenigen als magnetisch. Man sagt, er besäße persönlichen Magnetismus. So ein Mensch kann eine starke positive Ausstrahlung haben und eine immense Kraft im Sinne des Guten ausüben. Ohne daß ein Wort gesprochen wird, bringt seine bloße Gegenwart verstörten Gemütern, mit denen er in Kontakt kommt, oft Frieden und Trost. Dies trifft auf die spirituellen Meister zu.

Wenn der Solarplexus voll aktiv ist und Leben und Energie an jeden Teil des Körpers abstrahlt und zu jedem, mit dem er in Kontakt kommt, dann sind die Empfindungen angenehm. Der Körper ist kerngesund, und alle, mit denen er in Kontakt kommt, haben ein angenehmes und freudiges Empfinden. Falls irgendeine Unterbrechung dieser Ausstrahlung eintritt, sind die Empfindungen unangenehm, und der Strom von Leben und Energie zu einem bestimmten Teil des Körpers ist zum Stillstand gekommen. Das ist die Ursache jeder Krankheit der menschlichen Rasse, sei sie physischer oder mentaler Natur oder bezöge sie sich auf die Umgebung: In physischer Hinsicht, weil die Sonne des Körpers nicht mehr hinreichend Energie erzeugt, um einen bestimmten Teil des Körpers zu beleben; in mentaler Hinsicht, weil der Verstand in bezug auf die Lebenskraft, die er braucht, um sein Denken aufrechtzuerhalten, vom Unterbewußtsein abhängt; und im Hinblick auf die Umgebung, weil die Verbindung zwischen dem Unterbewußtsein und dem Universalen Bewußtsein unterbrochen ist.

Der Solarplexus ist der Punkt, an dem der Teil dem Ganzen begegnet, wo das Endliche unendlich wird, wo das Unerschaffene erschaffen wird, wo das Universale individualisiert wird, wo das Unsichtbare sichtbar wird. Er ist der Punkt, an dem Leben erscheint, und der Menge der Lebenskraft, die ein Individuum in seinem Solarplexus erzeugen kann, sind keine Grenzen gesetzt.

Diese formlose Wesenheit, Spirit genannt, die man früher das Advaita oder das Formlose nannte - ein Name, den man ihr in der Hindu-Religion gegeben hat - erfüllt die Äther im fluidalen Zustand und ist lebenspendender Klang. Spirit unterliegt keinem Gesetz und hat kein anderes Interesse, als dem Willen derer zu folgen, die ihn benutzen. Jenseits der Welt des Sach Khand* wird er so empfänglich, daß der bloße

---

*Sach Khand: Die fünfte Ebene oder Seelenebene, die wahre Heimat der Seele, die gewaltige Zentrale aller Schöpfung und die Region der Unsterblichkeit, unveränderlich, vollkommen und unvergänglich; unberührt von Auflösung und Neuformung; die Welt der Heiligen, der Ort, wo sie leben.

Gedanke der Seele zur Wirkung wird und er blitzschnell gehorcht.

Dieses Energiezentrum ist allmächtig, weil es der Kontaktpunkt zu allem Leben und aller Intelligenz ist. Es kann daher alles vollbringen, was ihm aufgetragen wird. Hier liegt die Kraft des bewußten Verstandes. Das Unterbewußte kann und wird solche Pläne und Ideen ausführen, je nachdem wie sie ihm vom bewußten Verstand vorgegeben werden.

Bewußtes Denken ist demnach der Meister über dieses Sonnenzentrum, aus dem das Leben und die Energie des ganzen Körpers fließen, und die Qualität der Gedanken, die wir hegen, bestimmt die Qualität der Gedanken, den diese Sonne ausstrahlen wird. Die Art der Gedanken, die unser bewußter Verstand hegt, bestimmt die Natur der Gedanken, die diese Sonne ausstrahlt, und sie bestimmen folglich die Natur der Erfahrungen, die daraus resultieren.

Da der kosmische Spirit sich selbst Gesetz ist, hat er die Macht zurückzuschicken, was immer der Absender an die heilige Essenz des Lebens ausgesendet hat. Somit arbeitet der Spirit Gottes in den niederen Welten auf duale Weise. Er kann dem Absender zum Fluch werden, und er kann sich für ihn zum Segen auswirken. Es hängt von der Kommunikation ab, die der Aussendende mit einem Menschen wie dem äußeren Meister, der von Gotteserkenntnis aus arbeitet, herstellen möchte.

Damit ist klar, das einzige, was wir zu tun haben, ist, unser Licht scheinen zu lassen. Je mehr Energie wir aussenden können, desto schneller werden wir die Fähigkeit entwickeln, unerwünschte Umstände in Quellen der Freude und des Gewinns zu verwandeln. Die wichtige Frage ist also, wie wir dieses Licht scheinen lassen, wie wir diese Energie erzeugen.

Denken, das sich nicht widersetzt, dehnt den Solarplexus aus; widerstehendes Denken zieht ihn zusammen. Angenehme Gedanken erweitern ihn; unangenehme Gedanken ziehen ihn zusammen. Gedanken des Muts, der Kraft, des Vertrauens und der Hoffnung bringen alle einen entsprechenden Zustand hervor; doch der Erzfeind des Solarplexus, den man unbedingt beseitigen muß, ehe irgendeine Möglichkeit besteht, auch nur etwas Licht scheinen zu lassen, ist Angst. Dieser Feind muß vollkommen ausgelöscht werden; er muß eliminiert werden. Er muß für immer hinausgeworfen werden. Er ist die Wolke, die die Sonne verbirgt, was unaufhörliche Düsternis verursacht. Dieser persönliche Teufel ist es, der die Menschen die Vergangenheit, die Gegenwart und die Zukunft, sich selbst, ihre Freunde und ihre Feinde fürchten läßt. Er läßt sie alles und jeden fürchten.

Wenn die Angst vollkommen ausgemerzt ist, wird dein Licht scheinen; die Wolken werden sich auflösen, und du wirst die Quelle der Kraft, der Energie und des Lebens gefunden haben. Sobald du merkst, daß du wirklich eins bist mit der unendlichen Kraft, und sobald du diese Kraft bewußt umsetzen kannst, indem du deine Fähigkeit unter Beweis stellst, jeden ungünstigen Umstand mittels der Kraft deiner Gedanken zu überwinden, wirst du nichts mehr zu fürchten haben. Die Angst ist beseitigt, und du bist im Besitz deines Geburtsrechts.

Das macht Spirit zur größten spirituellen Kraft aller Zeiten. Wer dies anfangs bezweifelt, wird mit der Zeit lernen, daß im Leben nur das den Sieg davonträgt, was das Element des Spirit in sich trägt. Was dabei geschieht, ist, daß man in den Zustand der Selbsterkenntnis eintritt.

Selbsterkenntnis (Wissen um die Seele) ist ein langwieriger, nach vielen Mühen erreichter Zustand. Wir müssen uns objektiv sehen und uns fragen: „Was möchte ich denn wirklich vom Leben haben? Was brauche ich denn wirklich? Wer bin ich? Ist dies der richtige Weg zu Gott?" Die kosmische Lebenskraft ist das grundlegende Gesetz Gottes. Sie ist der Eckstein aller Existenz. Wenn wir uns nicht an diesem Lebensprinzip orientieren, haben wir den ganzen Zweck des Lebens verfehlt.

Unsere Bewußtseinshaltung dem Leben gegenüber bestimmt, was für Erfahrungen wir machen müssen. Wenn wir nichts erwarten, werden wir nichts haben. Wenn wir viel verlangen, werden wir den größeren Teil erhalten. Die Welt ist nur insofern rauh, als es uns nicht gelingt, uns zu behaupten. Die Kritik der Welt ist nur für diejenigen bitter, die keinen Raum für ihre Ideen haben. Die Furcht vor Kritik ist die Ursache dafür, daß viele Ideen nie das Tageslicht erblicken. Doch der Mensch, der weiß, daß er einen Solarplexus hat, wird weder Kritik noch sonst irgend etwas fürchten. Er wird zu sehr damit beschäftigt sein, Mut, Selbstvertrauen und Kraft auszustrahlen. Aufgrund seiner geistigen Einstellung wird er erfolgreich sein, und er wird Hindernisse, Zweifel und Furcht überwinden.

Wenn wir uns dessen voll bewußt sind, daß wir Gesundheit, Stärke und Harmonie ausstrahlen können, gelangen wir zu der Einsicht, daß es nichts zu befürchten gibt, weil wir Zugang zu unbegrenzter Kraft haben. Dieses Wissen verinnerlichen wir nur dadurch, daß wir diese Information praktisch anwenden. Wir lernen durch Tun. Durch Übung wird der Athlet stark.

Weil die folgende Aussage wichtig ist, werde ich sie auf verschiedene Weisen ausdrücken, damit du ihre volle Bedeutung erfaßt. Wenn du religiös gesinnt bist, würde ich dir sagen: „Laß dein Licht leuchten." Wenn du eine Vorliebe für die Naturwissenschaften hast, würde ich sagen: „Du kannst deinen Solarplexus erwecken." Oder, falls du die genaue wissenschaftliche Auslegung vorziehst, würde ich sagen, daß du auf dein Unterbewußtsein einwirken kannst.

Ich habe dir bereits erklärt, was das Ergebnis dieser Einwirkung sein wird. Du hast bereits gelernt, daß das Unterbewußtsein intelligent ist und daß es schöpferisch ist und auf den Willen des Verstandes reagiert. Was ist also die natürlichste Weise, wie du wunschgemäß auf das Unterbewußtsein einwirken kannst? Konzentriere dich mental auf das gewünschte Objekt. Wenn du dich konzentrierst, wirkst du auf das Unterbewußtsein ein.

Das ist nicht der einzige Weg, aber er ist einfach und wirksam, und er ist der direkteste. Folglich ist es der Weg, der die besten Ergebnisse bringt. Diese Methode erzeugt solch hervorragende Ergebnisse, daß viele meinen, es würden Wunder vollbracht. Es ist die Methode, mit der jeder große Erfinder, jedes Finanzgenie, jeder Staatsmann und jedes spirituell hochstehende Wesen die subtile und unsichtbare Kraft des Wünschens, Glaubens und Vertrauens in reale, greifbare und konkrete Form in der objektiven Welt umgewandelt hat.

Das Unterbewußtsein ist ein Teil des Universalen Bewußtseins. Das Universale ist das schöpferische Prinzip des Universums. Ein Teil muß in Art und Qualität dem Ganzen gleichen. Das bedeutet, daß diese schöpferische Kraft absolut unbegrenzt ist. Sie ist an nichts Vorhergegangenes gebunden und muß bei der Anwendung ihres aufbauenden Prinzips folglich keinen vorherigen Mustern folgen.

In diesem Universum ist Wissen genauso begrenzt wie alles andere, weil es materieller Natur ist. Es geht in diesem Universum materiell zu, denn wir arbeiten mit zwei Gesetzen, dem Gesetz Gottes und dem Gesetz des Menschen. Darum kann kein einzelner Mensch, wenn er in diesem Universum lebt, im Besitz der ganzen Wahrheit sein. Wenn wir Spirit benutzen, müssen wir sein ethisches Gesetz befolgen. Wenn unsere ursprüngliche Absicht gut ist, dürfen wir die spirituelle Kraft für jeden gewünschten Zweck verwenden. Als Ethik kann man das bezeichnen, was frei von Selbstsucht ist und was dem Wohle des Ganzen dient; was niemandem schadet und allen Betroffenen gerecht wird. Wenn wir uns nach diesem spirituellen Prinzip richten, indem wir dem Universalen gehorchen, dem kosmischen Gesetz des Spirit, und uns der Führung des Inneren Meisters überlassen, wird es zu unserem Wohle sein und zu dem jedes Beteiligten.

Wir haben herausgefunden, daß das Unterbewußtsein auf unseren bewußt ausgeübten Willen reagiert, was bedeutet, daß die unbegrenzte, kreative Kraft des Universalen Bewußtseins dem Kontrollbereich des bewußten Verstandes des einzelnen unterliegt. Wenn man dieses Prinzip in Übereinstimmung mit den Übungen praktisch anwendet, die in späteren Lektionen vermittelt werden, tut man gut daran, sich zu erinnern, daß man die Methode nicht vorzugeben braucht, mit welcher der unterbewußte Wille die von dir gewünschten Ergebnisse hervorbringen wird. Das Begrenzte kann das Unbegrenzte nicht belehren. Du brauchst einfach nur zu sagen, was du möchtest, nicht, wie du es zu erreichen gedenkst: Wir maßen uns nicht an, Spirit vorzuschreiben, was er tun soll.

Du bist der Kanal oder der Träger, mit dessen Hilfe das Unerschaffene erschaffen wird, und diese Differenzierung wird durch Aneignung erreicht. Man muß es nur erkennen, um Ursachen in Gang zu setzen, die mit deinen Wünschen harmonierende Ergebnisse einbringen, und dies geschieht, weil das Universale nur durch das Individuelle handeln kann. Sie sind eins.

In der folgenden Übung geh noch einen Schritt weiter. Sitz nicht nur vollkommen bewegungslos, wobei du nach Möglichkeit deine Gedankentätigkeit einschränkst, sondern entspanne dich, laß los, laß deine Muskeln ihren normalen Zustand einnehmen. Dies wird allen Druck von den Nerven nehmen und die Verspannung lösen, die so häufig körperliche Erschöpfung verursacht. Körperliche Entspannung ist eine bewußte Betätigung der Willenskraft, und man wird feststellen, daß diese Übung sehr wertvoll ist, weil sie das Blut frei vom Gehirn zum Körper fließen läßt und umgekehrt.

Verspannung führt zu geistiger Unruhe und abnormer Gedankentätigkeit. Sie verursacht Sorge, Kummer, Angst und Beunruhigung. Darum ist Entspannung eine unverzichtbare Voraussetzung, damit die mentalen Fähigkeiten größtmögliche Freiheit entfalten können. Mache diese Übung so gründlich und so vollständig wie möglich. Beschließe im Geiste, daß du jeden Muskel und jeden Nerv entspannen wirst, bis du ganz ruhig und ausgeglichen bist und mit dir selbst und mit der Welt im Frieden. Der Solarplexus wird dann funktionsbereit sein, und du wirst erstaunt sein über das Ergebnis.

Kapitel 4

Selbstkontrolle

*Der einzelne ist Teil des Universalen. Kein Teil kann einen
anderen bekämpfen; ganz im Gegenteil: Das Wohlergehen
jedes einzelnen Teils hängt davon ab, daß wir die Anrechte
des Ganzen anerkennen. Wer dieses Prinzip erkennt, hat
einen großen Vorteil in den Dingen des Lebens.*

Dein „Ich" ist nicht der physische Körper. Er ist einfach
nur das Instrument, den das „Ich" benutzt, um seine Ziele zu
verfolgen. Das Ich kann nicht der Verstand sein; denn der
Verstand ist nur ein weiteres Instrument, etwa wie ein Com-
puter, den das „Ich" benutzt, um zu denken, zu beurteilen
und zu planen. Das „Ich" muß etwas sein, das beide, den
Körper und den Verstand, steuert und unter Kontrolle hält;
etwas, das bestimmt, was sie tun und wie sie handeln sollen.
Wenn dir die wahre Natur dieses „Ichs" (der Seele) aufgeht,
wirst du eine Kraft spüren und dich daran erfreuen, wie du
es nie zuvor gekannt hast.

Deine Persönlichkeit setzt sich aus unzähligen individuellen Charakteristika, Eigenarten, Gewohnheiten und Charak-
terzügen zusammen. Sie sind das Ergebnis deiner früheren
Denkweise, haben aber mit dem wirklichen „Ich" nichts zu
tun. Wenn du sagst: „Ich denke", dann sagt dieses „Ich" dem
Verstand, was er denken soll. Wenn du sagst: „Ich gehe",
dann sagt dieses „Ich" dem physischen Körper, wohin er
gehen soll. Die wahre Natur dieses „Ichs" ist spirituell, ist
Seele, und sie ist die Quelle wahrer Kraft, die Männern und
Frauen zufließt, wenn sie ihre eigentliche Natur erkennen.

Die größte und wunderbarste Kraft, die diesem „Ich" gegeben wurde, ist das Denkvermögen, aber nur wenige Leute wissen, wie man konstruktiv oder in richtiger Weise denkt, und folglich erzielen sie nur mittelmäßige Resultate. Die meisten Leute gestatten ihren Gedanken, sich mit selbstsüchtigen Zwecken zu beschäftigen, was die zwangsläufige Folge eines infantilen Verstandes ist. Wenn der Verstand zur Reife gelangt ist, erfaßt er, daß in jedem selbstsüchtigen Gedanken der Keim der Niederlage angelegt ist.

Der geübte Verstand weiß, daß jeder Handlungsvorgang dem Wohle eines jeden dienen muß, der in irgendeiner Beziehung dazu steht; und jeder Versuch, von der Schwäche, Unwissenheit oder Not eines anderen zu profitieren, wird sich unausweichlich zu seinen Ungunsten auswirken. Dies ist so, weil das Individuum Teil des Universalen ist. Kein Teil kann einen anderen bekämpfen; ganz im Gegenteil: Das Wohlergehen jedes einzelnen Teils hängt davon ab, daß wir die Anrechte des Ganzen anerkennen. Wer dieses Prinzip erkennt, hat einen großen Vorteil in den Dingen des Lebens. Er verschleißt nicht seine Kräfte. Er kann unstete Gedanken schnell ausschalten. Er kann sich auf jede Sache sofort in optimaler Weise konzentrieren. Er verschwendet weder Zeit noch Geld an Dinge, die ihm keinen denkbaren Nutzen bringen können.

Wenn du all das nicht kannst, dann nur, weil du bisher noch nicht die notwendige Anstrengung unternommen hast. Jetzt ist es an der Zeit, es anzugehen. Das Ergebnis wird im exakten Verhältnis zum Einsatz stehen. Eine der kraftvollsten Affirmationen, die du zur Willensstärkung und Verwirklichung deiner Schaffenskraft benutzen kannst, ist: „Ich kann sein, was ich sein will." Jedesmal, wenn du dies wiederholst, sei dir im klaren darüber, wer und was dieses „Ich" ist. Versuche, die wahre Natur des „Ichs" voll und ganz zu begreifen. Wenn dir das gelingt, wirst du unbesiegbar. Das heißt, vorausgesetzt, deine Ziele und Zwecke sind konstruktiv und daher in Harmonie mit dem schöpferischen Prinzip des Universums.

Wenn du diese Affirmation benutzt, gebrauche sie ständig, abends und morgens und so oft du während des Tages daran denkst, und fahre damit fort, bis sie ein Teil von dir wird. Das wird sie zur Gewohnheit machen. Wenn du dies nicht tust, hättest du besser gar nicht erst damit anfangen sollen, denn die moderne Psychologie behauptet: Wenn wir etwas beginnen und nicht beenden oder einen Entschluß fassen und ihn nicht einhalten, machen wir das Versagen zur Gewohnheit. Wenn du nicht beabsichtigst, etwas zu tun, dann fange auch nicht damit an. Wenn du doch etwas beginnst, so ziehe es durch, auch wenn der Himmel einstürzt. Wenn du dich dazu entschlossen hast, etwas zu tun, tue es. Lasse nichts und niemanden sich einmischen. Das „Ich" in dir hat es bestimmt, die Dinge sind geregelt, die Würfel sind gefallen, und es gibt nichts mehr zu argumentieren.

Selbstkontrolle bedeutet, die Aufmerksamkeit auf das eigene Selbst zu richten. Wenn einem diese Fähigkeit fehlt, wird man sich wahrscheinlich ziemlich elend fühlen. Wir fixieren die Aufmerksamkeit nicht auf ein bestimmtes Chakra des Körpers, sondern auf das, was wir als Spirit kennen. Dies wird uns zu dem Glück verhelfen, das uns als Ergebnis dieser Aufmerksamkeit gebührt. Deshalb besteht das Gesetz spirituellen Verstehens darin, die Aufmerksamkeit auf Gott (Sugmad - das chinesische Wort für Gott) gerichtet zu halten. Das und nichts anderes.

Wenn du anfängst, diese Idee zu verwirklichen, indem du mit kleinen Übungen beginnst, von denen du weißt, daß du sie beherrschst und deine Bemühung stufenweise steigerst, wobei du aber unter keinen Umständen zulassen darfst, daß dein „Ich" überfahren wird, wirst du merken, daß du dich mit der Zeit unter Kontrolle bekommst. Viele Männer und Frauen stellten zu ihrem Leidwesen fest, daß es leichter ist, ein Königreich zu beherrschen als sich selbst.

Wenn du gelernt hast, dich selbst unter Kontrolle zu haben, hast du auch herausgefunden, daß die innere Welt die äußere Welt steuert. Du wirst unwiderstehlich geworden sein. Menschen und Dinge werden auf jeden deiner Wünsche eingehen ohne offenkundiges Bemühen deinerseits. Dies ist nicht so seltsam oder unmöglich, wie es scheinen mag, wenn man bedenkt, daß die „innere Welt" durch das „Ich" gesteuert wird, und daß dieses „Ich" (die Seele) Teil des unbegrenzten „Ichs" ist, das die Energie oder der Spirit ist, der von Gott kommt.

Dies ist keine bloße Behauptung oder Theorie, aufgestellt zu dem Zweck, eine Idee zu bestätigen oder zu begründen, sondern eine Tatsache, die von den besten Denkern in Religion oder Wissenschaft anerkannt wurde. Herbert Spencer sagt: *„Inmitten aller Geheimnisse, von denen wir umgeben sind, ist nichts sicherer als die Tatsache, daß wir immer in der Gegenwart einer unendlichen und ewigen Energie sind, von der alles ausgeht."* Lyman Abbott sagte in einer Ansprache vor den Ehemaligen des Theologischen Seminars von Bangor: *„Wir gelangen allmählich zu der Überzeugung, daß Gott im Menschen wohnt und nicht von außen auf ihn einwirkt."*

Deshalb müssen wir wissen, worauf wir unsere Aufmerksamkeit richten und wann und wie wir das tun. Die Seele oder das Selbst ist es, wo das Prinzip des Unwandelbaren auftritt. Wir verändern uns, und wir sind unveränderlich. Der äußere Teil von uns, der physische Körper, der astrale, kausale und mentale Körper eines Menschen, unterliegen immer dem Wandel, aber das wahre Selbst, die Seele, ist unveränderlich. Auf diesen inneren Teil von uns, Innerer Meister genannt, müssen wir unsere Aufmerksamkeit richten. Dies ist das unveränderliche Selbst, um welches das ständig sich verändernde Rad des äußeren Selbst für alle Zeiten kreist.

Die Wissenschaft geht auf ihrer Suche nur ein kurzes Stück voran und bleibt dann stehen. Die Wissenschaft findet die allgegenwärtige, ewige Energie; doch die Religion spürt die Kraft hinter dieser Energie auf und macht sie im Menschen ausfindig. Nach Aussage der Heiligen Schriften der Menschheit ist dies keineswegs eine neue Entdeckung. In der Bibel heißt es: „Weißt du denn nicht, daß du der Tempel des lebendigen Gottes bist?" Hier also liegt das Geheimnis der wunderbaren Schöpfungskraft des Weltalls oder des Tempels im Inneren.

Hier liegt das Geheimnis der Kraft der Meisterschaft. Einer Sache Herr zu werden bedeutet nicht, ohne Besitz zu leben. Selbstverleugnung ist nicht gleichbedeutend mit Erfolg. Wir können nicht geben, wenn wir nichts bekommen. Wir können nicht helfen, wenn wir nicht stark sind. Das Unendliche ist nicht bankrott, und wir, die wir die Repräsentanten dieser unendlichen Kraft sind, sollten auch nicht bankrott sein. Wenn wir anderen zu Hilfe kommen wollen, müssen wir Kraft und abermals Kraft haben, doch um sie zu bekommen, müssen wir sie geben. Wir müssen uns nützlich machen.

Je mehr wir geben, um so mehr werden wir bekommen. Wir müssen zum Kanal werden, durch den das Universale tätig werden kann. Das Universale ist ständig bestrebt, sich auszuwirken und von Nutzen zu sein, und es sucht sich den Kanal, mit dessen Hilfe es die größte Aktivität entfalten kann, wo es von größtem Nutzen sein und wodurch es der Menschheit am besten dienen kann. Das Universale kann durch dich nicht zur Wirkung kommen, solange du mit deinen eigenen Plänen und deinen eigenen Zielen beschäftigt bist. Beruhige die Sinne, werde aufnahmebereit für Inspiration, konzentriere die Gedankentätigkeit auf das Innere, ruhe im Bewußtsein, daß du eins bist mit der Allmacht; *„stille Wasser sind tief."* Kontempliere über die zahlreichen Möglichkeiten, zu denen du durch die Allgegenwart der göttlichen Kraft einen spirituellen Zugang hast.

Es ist spirituelles Gesetz, daß wir zuerst das Königreich Gottes anstreben müssen, was Gott-Realisation bedeutet. Es ist kaum notwendig, nach Seinen Eigenschaften wie Liebe, Weisheit und Verstehen zu suchen; denn sie sind zweitrangige Dinge, und sie werden uns zufallen, vorausgesetzt wir erlangen zuvor Erleuchtung über die göttliche Realität. Christus sagte folgende Worte immer wieder: *„Trachtet zuerst nach dem Königreich des Himmels."* Seine Bergpredigt ist insofern ein Klassiker, als sie das grundlegende spirituelle Gesetz darlegt, das besagt, daß wir zunächst spirituelle Verwirklichung erlangen müßten, ehe uns alle anderen Dinge auf natürliche Weise zufielen.

Visualisiere die Ereignisse, Umstände und Bedingungen, bei deren Manifestation diese spirituellen Zusammenhänge Unterstützung geben können. Werde dir der Tatsache bewußt, daß der Kern und die Seele aller spirituellen Dinge Wirklichkeit sind, da sie das Leben all dessen sind, was es gibt. Wenn es Spirit nicht mehr gibt, gibt es kein Leben mehr. Es ist gestorben, hat aufgehört zu existieren. Diese Denkvorgänge beziehen sich auf die Welt im Inneren, die Welt der Ursache, und auf die Bedingungen und Umstände, die das Ergebnis Seines Wirkens sind. So wirst du zum Schöpfer. Das ist eine bedeutende Aufgabe; je höher, edler, bedeutender und hochrangiger die Ideale sind, die du erdenken kannst, desto wichtiger wird die Aufgabe werden.

Jegliche Art von Überarbeitung, zu viele Vergnügungen oder übermäßige körperliche Anstrengung erzeugen Zustände geistiger Apathie und Stagnation, die uns daran hindern, bedeutendere Arbeit zu leisten, die zur Verwirklichung bewußter Stärke führt. Wir sollten deshalb häufig die Stille suchen. Kraft entsteht durch Ruhe. In der Stille des inneren Tempels können wir zur Ruhe kommen, und wenn wir uns im Ruhezustand befinden, können wir denken, und Denken ist das Geheimnis allen Erfolgs. Das Denken ist eine Art der Bewegung und wird durch das Gesetz der Schwingung übertragen, ebenso wie das Licht oder die Elektrizität. Die Emotionen verleihen ihm Vitalität aufgrund des Gesetzes der Liebe. Durch das Gesetz des Wachsens nimmt es Gestalt an und wird Wirklichkeit. Es ist ein Werk des spirituellen „Ichs", der Seele; daher ist es göttlicher, spiritueller und kreativer Natur.

Das Gesetz der Schwingung oder Harmonie steuert in dieser Welt all die Einflüsse auf die Seele und auf den Körper, wie zum Beispiel Wellenlängen, Ausstrahlungen von Planeten, Sternen, Himmelskörpern, Musik, Klang, Farbe und Harmonien im allgemeinen. Diesem Prinzip unterliegen Karma, Ursache und Wirkung, das Ein- und Ausströmen. Harmonien haben vor allem mit Klang zu tun. Die Adepten früherer Zeiten erschlossen den Klang und das Studium des Klanges vor allen anderen spirituellen Studien. So wurde die Musik als erste der Künste ins Leben gerufen.

Somit ist klar, wenn wir Kraft, Fülle oder irgendein anderes konstruktives Ziel verwirklichen wollen, müssen wir die Emotionen ansprechen, um so dem Gedanken Gefühl zu verleihen, so daß er Gestalt annehmen kann. Ein überaus wichtiger Punkt ist: Wie kann man das erreichen? Wie können wir das Vertrauen, den Mut und das Gefühl entwickeln, wodurch das gewünschte Ergebnis erreicht wird? Es geschieht durch Übung. Mentale Stärke erlangen wir auf die gleiche Weise wie physische Stärke - durch Übung. Wir denken etwas, und beim erstenmal ist es vielleicht mit Schwierigkeiten verbunden. Wir denken das gleiche noch einmal, und diesmal wird es leichter. Wir denken immer wieder das gleiche, und dann wird es zur mentalen Gewohnheit. Wir fahren fort, das gleiche zu denken. Schließlich wird es automatisch. Wir können nicht umhin, so zu denken. Wir sind der Sache, die wir denken, nun sicher; es gibt kein Zweifeln mehr. Wir sind uns sicher - wir wissen.

In der letzten Übung bat ich dich, dich zu entspannen, physisch loszulassen. Nun bitte ich dich, geistig loszulassen. Wenn du die Übung, die ich dir vorher bereits genannt hatte, täglich fünfzehn bis zwanzig Minuten den Anweisungen entsprechend machst, dann kannst du dich zweifellos physisch entspannen, und jeder, der das nicht bewußt, schnell und vollständig tun kann, ist nicht Meister seiner selbst. Er hat noch keine Freiheit erlangt. Er ist noch Sklave von Gegebenheiten. Der nächste Schritt ist geistige Freiheit; Hingabe an das Licht und den Ton im Innern, an den Inneren Meister.

Nachdem du deine übliche Position eingenommen hast, löse alle Verspannungen, indem du dich vollständig lockerst und dich dann geistig von allen widrigen Zuständen wie Haß,

Zorn, Sorge, Eifersucht, Neid, Kummer, Gram oder Enttäuschungen jeder Art löst. Du sagst vielleicht, daß du alle diese Dinge nicht „loslassen" kannst, aber du kannst es. Du kannst es, indem du dich vom Verstand aus dazu entschließt, es zu tun - in freiwilliger Absicht und mit Beharrlichkeit.

Der Grund dafür, daß manche das nicht können, liegt darin, daß sie sich von ihren Emotionen beherrschen lassen, statt ihrem Verstand diese Aufgabe zu überlassen. Der vom Verstand gesteuerte Wille wird den Sieg erringen. Beim ersten Versuch hast du vielleicht noch keinen Erfolg; doch Übung führt zu Vervollkommnung - in diesem Fall wie auch in jedem anderen Bereich. Es muß dir gelingen, diese negativen und destruktiven Gedanken loszulassen, auszulöschen und vollständig auszumerzen, weil sie die Saat sind, die ständig mißliche Bedingungen jeder Art und Weise keimen lassen.

„Nichts trifft so den Kern wie die Tatsache, daß die Qualität der Gedanken, die wir hegen, mit bestimmten äußeren Gegebenheiten der äußeren Welt in Wechselbeziehung steht. Dies ist das Gesetz, vor dem es kein Entrinnen gibt. Und dieses Gesetz, diese Wechselbeziehung zwischen den Gedanken und ihrem Objekt, ist es, was die Menschen seit Urzeiten an eine gewisse Vorbestimmung hat glauben lassen."

Wilmans

Kapitel 5

Geistige Entwürfe

Es gibt einen wunderbaren Besitz, der auf den wartet,
der Anspruch auf ihn erhebt. In der Domäne von
Verstand und Spirit, im Reich wirklich anwendbarer
Energie, ist solch ein Besitz der deine. Du bist der Erbe.
Du kannst deine Autorität geltend machen und dieses
reiche Erbe besitzen und nutzen.

Mindestens neunzig Prozent unseres geistigen Lebens sind unterbewußt. Folglich leben die Menschen, die sich diese Verstandeskraft nicht zunutze machen, in sehr engen Grenzen. Das Unterbewußtsein kann und wird jedes Problem für uns lösen, wenn wir wissen, wie wir es steuern müssen. Die unterbewußten Prozesse gehen ständig vor sich. Die einzige Frage, die sich stellt, ist: Sind wir einfach nur passive Empfänger dieser Aktivität, oder sollen wir sie bewußt steuern? Haben wir eine Vorstellung von dem Ziel, das wir erreichen möchten, von den Gefahren, die vermieden werden müssen, oder treiben wir einfach ziellos dahin?

Wir haben herausgefunden, daß das Verstandesbewußtsein jeden Teil des physischen Körpers durchdringt und immer in der Lage ist, durch Befehle des bewußten oder dominierenden Teils des Verstandes gesteuert und beeinflußt zu werden. Das Verstandesbewußtsein, das den Körper durchdringt, ist zum größten Teil das Ergebnis von Vererbung, die wiederum einfach das Resultat aller Lebensumstände aller vergangenen Generationen, getragen von den empfänglichen und sich ständig bewegenden Lebenskräften, darstellt. Das Verständnis für diese Tatsache befähigt uns, unsere Autorität zu nutzen, wenn wir bemerken, daß unliebsame Charakterzüge zum Vorschein kommen. Wir können bewußt alle wünschenswerten Charakterzüge nutzen, mit denen wir ausgestattet sind, und wir können die unerwünschten Charakterzüge zügeln und dafür sorgen, daß sie sich nicht manifestieren.

Noch einmal, dieses Verstandesbewußtsein, das unseren physischen Körper durchdringt, ist nicht nur das Ergebnis von Erbanlagen, sondern auch das Ergebnis unseres Heims, des geschäftlichen und sozialen Umfelds, wo Tausende und aber Tausende von Eindrücken, Ideen, Vorurteilen und ähnlichen Gedanken aufgenommen wurden. Vieles davon haben wir von anderen übernommen, und vieles ist das Ergebnis von Meinungen, Suggestionen oder Aussagen. Vieles davon ist das Ergebnis unseres eigenen Denkens, aber fast alles wurde mit kaum einer oder gar keiner Überprüfung oder Abwägung akzeptiert.

Die Idee erschien plausibel, das Bewußtsein hat sie aufgenommen, an das Unterbewußtsein weitergegeben, wo sie vom sympathischen Nervensystem übernommen wird, um unserem physischen Körper einverleibt zu werden: *„Das Wort ist Fleisch geworden."* Auf diese Weise also erschaffen wir uns ständig und erneuern uns immer wieder. Wir sind heute das Ergebnis unseres Denkens in der Vergangenheit, und wir werden sein, was wir heute denken. Das Gesetz der Anziehung bringt uns nicht die Dinge, die uns gefallen, oder die Dinge, die wir uns wünschen, oder das, was ein anderer hat, sondern es bringt uns „unser Eigenes", die Dinge, die wir durch unsere Gedankenprozesse geschaffen haben, sei es bewußt oder unbewußt. Unglücklicherweise erschaffen viele von uns diese Dinge unbewußt.

Wenn wir uns ein Haus bauen wollten, würden wir sehr sorgfältig planen. Wir würden jede Einzelheit des Planes studieren, das Material überwachen und von allem nur das Beste auswählen. Wie unachtsam dagegen sind wir, wenn es darum geht, unser mentales Haus zu bauen, das unendlich viel wichtiger ist als irgendein materielles Haus; denn alles, was möglicherweise in unser Leben treten kann, hängt von der Beschaffenheit des Materials ab, das bei der Erbauung unseres mentalen Fundaments Verwendung findet.

Was sind die Eigenschaften dieses Materials? Wir haben gesehen, daß sie das Ergebnis von Eindrücken sind, die wir in der Vergangenheit angesammelt und in unserem Unterbewußtsein eingelagert haben. Wenn die Eindrücke aus Angst, Sorge, Trübsal, Besorgnis bestanden, wenn sie Verzagtheit, negative Einstellung und Zweifel zum Inhalt hatten, wird die Beschaffenheit des Materials, das wir heute verweben, von der gleichen negativen Art sein. Anstatt irgendeinen Wert für uns zu besitzen, wird es fehlerhaft und wertlos sein und uns nur mehr Arbeit, Mühe und Besorgnis verursachen. Wir werden immer versuchen, es zu flicken, um es wenigstens ansehnlich erscheinen zu lassen.

Wenn wir aber nur mutige Gedanken abgespeichert haben, wenn wir optimistisch und positiv gewesen sind und negative Gedanken jeder Art sofort auf den Müll geworfen haben, und wenn wir uns geweigert haben, etwas damit zu tun zu haben, Umgang mit ihnen zu haben, oder uns in irgendeiner Weise mit ihnen zu identifizieren, was ist dann das Ergebnis? Unser mentales Material ist nun von bester Qualität. Wir können Material jeder nur gewünschten Art verarbeiten. Wir können jede beliebige Farbe wählen. Wir wissen, daß die Struktur fest, das Gewebe stabil ist, daß es nicht ausbleichen wird, und wir haben keine Angst und sind nicht in Sorge um die Zukunft. Da gibt es nichts zu überdecken, und keine Flickstellen sind zu verbergen.

Dies sind psychologische Tatsachen. Es gibt keine Theorie und kein Rätselraten über diese Denkprozesse. An ihnen ist nichts Geheimnisvolles. In der Tat sind sie so klar, daß jeder sie verstehen kann. Was wir tun müssen, ist, eine mentale Generalreinigung vorzunehmen und diesen Hausputz jeden Tag zu veranstalten und das Haus sauber zu halten. Mentale und physische Sauberkeit sind unbedingt notwendig, wenn wir auf irgendeine Weise vorankommen wollen. Wenn dieser mentale Hausputz abgeschlossen ist, wird das übriggebliebene Material brauchbar für die Schaffung von idealen und mentalen Bildern sein, die wir verwirklichen möchten.

Ein wunderbarer Besitz erwartet jeden, der Anspruch auf ihn erhebt. Seine weiten Felder mit reicher Ernte, seine fließenden Gewässer und Gehölze erstrecken sich, so weit das Auge reicht. Es gibt ein stattliches Haus, das geräumig und freundlich ist, mit seltenen Gemälden, einer gut ausgestatteten Bibliothek, kostbaren Wandbehängen und jedem Komfort und Luxus. Alles, was der Erbe tun muß, ist, es in Besitz zu nehmen und den Besitz zu nutzen. Er muß ihn nutzen. Er darf ihn nicht verfallen lassen, denn das Benutzen ist die Vorbedingung dafür, daß er ihn behalten darf. Vernachlässigung bedeutet den Verlust des Besitzes.

In der Domäne von Verstand und Spirit, im Reich tatsächlich anwendbarer Energie ist solch ein Besitz der deine. Du bist der Erbe! Du kannst deine Autorität geltend machen und diese reiche Erbschaft besitzen und nutzen. Herrschaft über

Umstände ist eine ihrer Früchte, wie auch Gesundheit, Harmonie und Wohlstand. Sie bietet dir Stabilität und Frieden. Es kostet dich nur die Mühe, die großen Quellen des Erbes zu studieren und den Ertrag zu ernten. Das Erbe verlangt kein Opfer, mit einer Ausnahme: Du mußt deine Begrenzungen, deine Versklavung und deine Schwachheit aufgeben. Es bekleidet dich mit Selbstachtung und legt dir ein Zepter in die Hände. Um an diesen Besitz zu kommen, bedarf es nur dreier Voraussetzungen: Du mußt ihn ehrlich haben wollen. Du mußt deinen Anspruch auf ihn erheben. Du mußt ihn in Besitz nehmen.

Dies sind keine belastenden Bedingungen. Du bist mit dem Begriff der Vererbung vertraut. Darwin, Huxley, Haeckel und andere Physiker haben eindrucksvolles Beweismaterial darüber zusammengetragen, daß Vererbung ein Gesetz ist, das mit dem Fortgang der Schöpfung einhergeht. Diese sich fortsetzende Vererbung gibt dem Menschen den aufrechten Gang, die Kraft der Bewegung, die Verdauungsorgane, den Kreislauf, die Nervenkraft, die Muskelkraft, das Knochengerüst und eine Anzahl anderer Fähigkeiten auf der physischen Seite. Es gibt noch beeindruckendere Tatsachen, die sich auf die Vererbung der Verstandeskraft beziehen. All diese Dinge bilden das, was man dein menschliches Erbe nennen könnte.

Es gibt ein Erbgut, das die Naturwissenschaftler nicht studiert haben. Es liegt im Verborgenen und ist ein Vorbote von all ihrem Forschen. An dem Punkt, wo sie ihre Hände vor Verzweiflung zusammenschlagen und sagen, daß sie nicht verstehen, was sie sehen, befindet sich dieses göttliche Erbgut in schwungvoller Aktivität. Es ist die formlose Kraft, welche die Quelle aller Schöpfung ist. Sie kommt von Gott und geht direkt in jedes geschaffene Wesen. Sie erschafft Leben, was die Naturwissenschaften nicht getan haben und auch nicht tun können. Sie ragt über alle Kräfte hinaus als höchste und unantastbare Kraft. Kein menschliches Erbe kommt ihr nahe oder reicht an sie heran.

Das unendliche Leben fließt durch dich hindurch; es ist du. Seine Tore sind nur die Fähigkeiten, die dein Bewußtsein enthält. Diese Tore offen zu halten, ist das Geheimnis der Kraft. Stimmst du nicht zu, daß es die Anstrengung wert ist? Die einzigartige Tatsache ist, daß die Quelle allen Lebens und aller Kraft aus dem Innern kommt. Menschen, Umstände und Ereignisse mögen Bedürfnisse und Gelegenheiten andeuten, aber die Einsicht, Stärke und Kraft, die Antworten darauf zu finden, geschieht mit Hilfe des Inneren Meisters.

Der imaginative Prozeß verläuft nach dem alten Gesetz des Okkultismus: *„Wie oben, so unten!"* Was oben ist, spiegelt sich unten wider. Wenn du dich mit Hilfe der Imaginationstechnik projizieren willst, mußt du dich an einen bestimmten Ort zu einer bestimmten Zeit versetzen, und dann bist du im spirituellen Körper dort. Die einfachste Art, wenn du anfängst, ist, dich an einen festgelegten Ort auf dieser Ebene zu versetzen, und dann dort zu sein, ihn zu sehen und ihn nach der Rückkehr beschreiben zu können. Angenommen, du warst noch nie am Times Square in New York, und du möchtest ihn nun in der spirituellen Gestalt besuchen. Die Seele kann sich tatsächlich im Imaginationskörper oder Astralkörper, wie wir ihn nennen, dorthin versetzen und in der Lage sein, den Times Square anderen so genau zu beschreiben, wie er für jene aussieht, die im physischen Körper dort waren.

Vermeide Nachahmungen. Baue feste Grundlagen für dein Bewußtsein auf der Basis von Kräften, die direkt aus der unendlichen Quelle kommen, aus dem Universalen Bewußt-

42

sein, dessen Abbild und Ebenbild du bist. Alle, die in den Besitz dieser Erbschaft gelangten, sind niemals ganz dieselben wie vorher. Sie sind jetzt im Besitz eines Gespürs für Kraft, wie sie es sich bisher nicht einmal erträumt hatten. Sie können nie wieder ängstlich, schwach, schwankend oder furchtsam sein. Es ist nicht zu bestreiten, sie sind mit der Allmacht verbunden. Etwas in ihnen wurde erweckt. Sie haben plötzlich entdeckt, daß sie eine gewaltige, verborgene Fähigkeit besitzen, deren sie sich zuvor nicht bewußt waren.

Diese Kraft kommt von innen, **aber wir können sie nicht empfangen, wenn wir sie nicht geben.** „Nutzung" ist die Bedingung, unter der wir dieses Erbe behalten können. Jeder von uns ist nur der Kanal, durch den diese allmächtige Kraft in verschiedenen Formen Ausdruck findet. Wenn wir den Strom nicht weitergeben, ist der Kanal verstopft, und wir können nichts mehr davon bekommen. Dies trifft zu für jede Existenzebene und jedes Betätigungsfeld und für alle Bevölkerungsschichten. Je mehr wir geben, desto mehr bekommen wir. Der Athlet, der stark werden möchte, muß die Kraft, die er hat, benutzen, und je mehr er sie betätigt, desto mehr bekommt er. Der Finanzfachmann, der Geld machen möchte, muß das Geld, das er hat, benutzen, denn nur dadurch, daß er es benutzt, kann er mehr bekommen.

Der Kaufmann, der seine Waren nicht umsetzt, wird bald keine mehr einkaufen können. Das Unternehmen, das es versäumt, einen leistungsfähigen Service zu bieten, wird bald keine Kunden mehr haben. Der Rechtsanwalt, der keine Erfolge hat, wird bald keine Klienten mehr haben, und so ist es überall. Kraft steht im Verhältnis zum richtigen Gebrauch der Kraft, die bereits in unserem Besitz ist. Was für jeden Bereich des Bemühens zutrifft, für jeden Erfahrungsbereich des Lebens, trifft für die Kraft zu, neben der jede andere den Menschen bekannte Kraft nur rohe Gewalt ist; nur wenige verstehen die spirituelle Kraft. Wenn du Spirit wegläßt, was bleibt dann noch übrig? Nichts. Wenn denn Spirit alles ist, was es gibt, dann bedeutet diese Erkenntnis die Fähigkeit, alle Kraft auszuüben, sei sie nun physischer, mentaler oder spiritueller Natur. Nur wenige kennen die anderen Ebenen des Himmels oder denken in diesen Kategorien.

Der Himmel gehört zur Realität der Fortbewegung in der Seele. Die Astralebene ist für alle die Welt der Imagination, und diese Fähigkeit ist uns vom höchsten Wesen gegeben worden, damit wir unser Leben verbessern und uns den unwegsamen Pfad zu den anderen Welten ebnen. Das Gesetz der Welt der Imagination lautet: *„Wo immer der Gedanke hingeht, muß der Körper folgen."* Dies ist ein physikalisches Gesetz, das in der materiellen Welt bekannt ist und gut für den physischen Körper funktioniert. Es ist auch auf der Astralebene wirksam, aber dort wirkt es viel schneller als auf der physischen Ebene.

Ganz gleich, wohin wir unsere Gedanken richten - wenn wir uns darauf konzentrieren, an einem bestimmten Ort zu sein, ist der Körper gezwungen, zu folgen. Der Trick dabei ist, die Gedanken auf einen astralen Ort oder inneren Aspekt der Seele zu richten oder den Wunsch zu haben, den Körper zu verlassen und an einen Ort zu gehen, wohin der physische Körper nicht folgen kann, z.B. auf einen anderen Planeten, in die Astralwelt oder auf irgendeine Ebene Gottes. Du brauchst dir kein spezielles Bild von dem Ort zu machen, wo du sein möchtest, aber lenke deinen Gedanken auf den speziellen Wunsch, dort zu sein, auch wenn die Matrix vom geistigen Auge nicht visualisiert wird.

Man beginnt mit dieser Technik, indem man eine bequeme Position einnimmt, ganz gleich welche: Auf dem Rücken liegend oder auf einem Stuhl oder einer Couch sitzend; Unterlage oder Sitz sollten jedoch nicht zu weich sein, da sonst der Körper einen Teil seiner Muskelspannung verliert, die er braucht, um seine Stabilität beizubehalten, wenn die Seele sich von ihm entfernt hat. Wenn man diese Technik praktiziert, richtet man seine Gedanken auf einen bestimmten Ort in der anderen Welt in dem Wissen, daß wo immer er auch sein mag, es so ist wie hier. *„Wie oben, so unten"* lautet das spirituelle Gesetz. In dieser Weise arbeitet die Seele. Sie fixiert sich durch Imagination auf einen bestimmten Punkt oder eine bestimmte Tätigkeit, und der spirituelle Körper folgt dieser Anweisung. Dies ist ein metaphysisches Gesetz, das auf den höheren Ebenen wirkt. Aller Besitz ist das Ergebnis einer akkumulierenden Bewußtseinshaltung. Das ist der Zauberstab, der dich befähigt, Ideen aufzunehmen, und er wird Pläne ausarbeiten, um sie von dir ausführen zu lassen, und du wirst so viel Freude bei der Durchführung haben wie an ihrer Vollendung und Verwirklichung.

Geh nun in dein Zimmer, setze dich auf denselben Stuhl, nimm dieselbe Haltung ein wie vorher, und wähle in Gedanken einen Ort aus, mit dem sich für dich freudige Erinnerungen verbinden. Mache dir im Geiste ein vollständiges Bild davon. Sieh die Gebäude, das Gelände, die Bäume, die Freunde, Bekannten, alles, was damit zu tun hat; alles soll vollständig sein. Zuerst wirst du feststellen, daß du an alles unter der Sonne denkst, nur nicht an die Idealvorstellung, auf die du dich konzentrieren möchtest. Aber laß dich dadurch nicht entmutigen. Beharrlichkeit wird die Oberhand gewinnen, aber Beharrlichkeit setzt voraus, daß du diese Übung unbedingt jeden Tag machst.

Kapitel 6

Den Boden bereiten

*Dies ist also der „Tempel des Lebendigen Gottes",
und seine Überwachung wird dem individuellen
„Ich" anvertraut; das Endergebnis wird davon
abhängen, wieweit es diesen Vorgang, der seiner
Kontrolle unterliegt, versteht.*

Das Universale Bewußtsein ist so wunderbar, daß es
schwierig ist, seine nutzbaren Kräfte, seine Möglichkeiten
und seine unbegrenzten, schöpferischen Auswirkungen zu
begreifen. Wir haben herausgefunden, daß dieses Bewußtsein
nicht nur die Gesamtheit der Intelligenz ist, sondern auch die
Gesamtheit der Materie. Wie kann es sich also in verschiedenen Formen ausdrücken? Wie können wir die Wirkung
erzielen, die wir uns wünschen?

Frage einen Elektriker nach der Wirkungsweise der Elektrizität, und er wird dir antworten: „Elektrizität ist eine Form
der Bewegung, und ihre Wirkung wird vom Mechanismus
abhängen, bei dem sie Anwendung findet." Von diesem Mechanismus wird es abhängen, ob es sich um Licht, Kraft,
Musik oder irgendeine andere wundervolle Erscheinungsform der Kraft handelt, für die diese lebenswichtige Energie
nutzbar gemacht wurde. Welche Wirkung kann durch den
Gedanken erzielt werden? Die Antwort ist, daß ein Gedanke
Bewußtsein in Bewegung ist - so wie Wind Luft in Bewegung
ist - und seine Wirkung wird ganz von dem „Mechanismus
abhängen, an den er angeschlossen ist".

Hier liegt also das Geheimnis aller mentalen Kraft. Sie hängt ganz von dem Mechanismus ab, mit dem wir sie verbinden. Was ist das für ein Mechanismus? Du weißt etwas über den Mechanismus, der von Edison, Bell, Marconi und anderen Zauberkünstlern der Elektrizität erfunden wurde, für die Ort, Raum und Zeit nur noch eine verbale Rolle spielten. Hast du je in Ruhe darüber nachgedacht, daß der Mechanismus, der dir zu dem Zweck gegeben wurde, die universale, allgegenwärtige, machtvolle Kraft umzuwandeln, von einem größeren Erfinder ersonnen wurde, als Edison es war?

Wir sind es gewohnt, den Mechanismus von Geräten zur Bearbeitung des Bodens zu untersuchen, und wir versuchen, den Mechanismus des Autos zu verstehen, das wir fahren. Die meisten von uns sind jedoch damit zufrieden, über den bedeutendsten Mechanismus, der je entstand, in völliger Unwissenheit zu leben - das menschliche Gehirn.

Laßt uns die Wunder dieses Mechanismus untersuchen und uns ein größeres Wissen über die verschiedenen Wirkungen verschaffen, deren Ursache er ist. Als erstes gibt es die große, mentale Welt der Feinstofflichkeit, in der wir leben, uns bewegen und existieren. Diese Welt ist allmächtig, allwissend und allgegenwärtig. Sie wird auf unsere Wünsche in direktem Verhältnis zu unserer Zielsetzung und unserem Vertrauen reagieren. Die Zielsetzung muß mit dem Gesetz unseres Seins in Übereinstimmung sein, sie muß kreativ oder konstruktiv sein. Unser Vertrauen muß stark genug sein, um einen Strom zu erzeugen, der stark genug ist, unsere Zielsetzung Wirklichkeit werden zu lassen. *„Wie dein Glaube, so wird dir geschehen,"* trägt das Siegel wissenschaftlicher Überprüfung.

Die Auswirkungen, die wir in der äußeren Welt erzielen, sind das Ergebnis von Aktion und Reaktion des einzelnen auf das Universale bei dem Prozeß, den wir Denken nennen. Das Gehirn ist das Organ, durch das dieser Prozeß vollzogen wird. Stell dir vor, was für ein Wunder das alles ist! Liebst du Musik, Blumen, Literatur, Kunst, oder inspirieren dich die Gedanken eines Genies aus alter Zeit oder aus unseren Tagen? Denke daran, alle Schönheit, die dich berührt, muß ihr entsprechendes Gegenstück in deinem Gehirn haben, bevor du für sie empfänglich bist. Es gibt keine einzige Eigenschaft und kein Prinzip im Vorratsspeicher der Natur, die das Gehirn nicht zum Ausdruck bringen kann. Das Gehirn ist eine embryonale Welt, die zu jeder Zeit bereit ist, sich zu entwickeln, wenn die Notwendigkeit sich ergeben sollte. Wenn du verstehen kannst, daß dies eine wissenschaftliche Tatsache ist und eines jener wunderbaren Gesetze der Natur, wird es leichter für dich sein, den Mechanismus zu verstehen, durch den so außergewöhnliche Ergebnisse erzielt werden.

Man hat das Nervensystem mit einem elektrischen Schaltkreis verglichen. Über seine Stränge werden alle Impulse und Wünsche durch den Mechanismus transportiert. Das Rückenmark ist der große Motor und der Transportweg, auf dem Sinneseindrücke und Impulse vom Gehirn und zum Gehirn übertragen werden. Dann ist da die Versorgung durch das Blut, das durch Venen und Arterien strömt und so unsere Energie und Kraft erneuert, das perfekt gebaute Knochengerüst, auf dem der gesamte physische Körper ruht, und schließlich die zarte, schöne Haut, die den gesamten Mechanismus in einen Mantel von Schönheit kleidet.

Dies ist also der *„Tempel des lebendigen Gottes"*, und seine Überwachung wird dem individuellen „Ich" anvertraut, und je nachdem, wie du den Mechanismus, den du zu steuern hast, verstehst, wird das Endergebnis auf dem Verständnis für den Mechanismus basieren, der deiner Führung untersteht. Jeder Gedanke bringt Gehirnzellen in Aktion. Anfangs wird die Substanz, auf die der Gedanke gerichtet ist, gar nicht reagieren, aber wenn der Gedanke hinreichend verfeinert und konzentriert ist, wird die Substanz schließlich in direktem Verhältnis zur Kraft des Gedankens reagieren, sei er nun gut oder schlecht.

Nun erinnere dich, ein Gesetz des Universums lautet: *„Wie oben, so unten."* Wenn du die Prinzipien der Soziologie begreifst, wirst du etwas Wertvolles lernen, nämlich daß das, was in der physischen Welt geschieht, ebenso in der unsichtbaren Welt geschieht. Wir spiegeln im Äußeren nur wider, was innen geschieht oder in jener unsichtbaren Welt! *„Was im Himmel ist, ist auf Erden!"* Dies trifft nur für die niederen Ebenen des Himmels zu; was in den reinen Gottwelten existiert, ist auf der Erde nicht vorhanden.

Das Verstandesbewußtsein kann diesen Einfluß auf jeden Teil des Körpers ausüben und so veranlassen, daß jede unerwünschte Auswirkung getilgt wird. Eine perfekte Vorstellung und das Erfassen der in der mentalen Welt geltenden Gesetze werden auf jeden Fall im Geschäftsleben von großem Wert sein, da beide die Unterscheidungsfähigkeit entwickeln und einem ein klares Verständnis und eine bessere Einschätzung von Tatsachen verleihen. Der Mensch, der nach innen schaut anstatt nach außen, kann nicht anders, als sich die mächtigen Kräfte zunutze zu machen, die mit der Zeit den Verlauf seines Lebens bestimmen und ihn so mit allem in Harmonie bringen, das positiv und anhebend ist und dem Wohl des Ganzen dient.

Aufmerksamkeit oder Konzentration sind wahrscheinlich der wichtigste Aspekt bei der Entwicklung des Verstandesbewußtseins, das eines der Werkzeuge der Seele ist. Die

Möglichkeiten der Aufmerksamkeit, die auf die richtige Weise auf ihr Ziel gerichtet ist, sind so überraschend, daß sie dem Uneingeweihten kaum glaubhaft erscheinen würden. Das Training der Aufmerksamkeit ist das kennzeichnende Merkmal jedes erfolgreichen Mannes und jeder erfolgreichen Frau, und sie ist die allerhöchste persönliche Leistung, die man erreichen kann. Das Energievermögen der Aufmerksamkeit kann man besser verstehen anhand des Vergleichs mit einem Vergrößerungsglas, mit dessen Hilfe Sonnenstrahlen gebündelt werden. Sie besitzen keine besondere Kraft, solange das Glas hin- und herbewegt wird und die Strahlen von einem Platz zum anderen gelenkt werden, aber wenn man das Glas vollkommen still hält und die Strahlen für eine gewisse Zeit auf einen Punkt konzentriert werden, so wird die Wirkung sofort sichtbar. Ebenso ist es mit der Kraft der Gedanken. Wenn man die Kraft dadurch streut, daß die Gedanken ziellos von einem Objekt zum anderen wandern, erzielt man kein Ergebnis; aber wenn man diese Kraft durch Aufmerksamkeit oder Konzentration für eine bestimmte Zeitdauer auf ein einziges Ziel richtet, ist nichts unmöglich.

Ein sehr einfaches Rezept für eine sehr komplexe Situation, werden einige sagen. Nun gut, versuche es, auch wenn du keine Erfahrung damit gemacht hast, deine Gedanken auf ein bestimmtes Ziel oder einen bestimmten Gegenstand zu richten. Wähle ein bestimmtes Objekt und richte deine Aufmerksamkeit etwa zehn Minuten lang mit einem bestimmten Ziel darauf. Das schaffst du nicht. Der Verstand wird ein dutzendmal umherwandern, und du wirst ihn ständig zur ursprünglichen Absicht zurückholen müssen, und jedes Mal wird die Wirkung verloren sein, und am Ende der zehn Minuten wirst du nichts erreicht haben, weil du nicht fähig warst, deine Gedanken beständig auf das Ziel zu richten. Mancher würde sagen, dieser Vorschlag sei zu einfach, gemessen an der Kompliziertheit des Lebens. Zweifel muß es da zwangsläufig geben; darum versuche es einfach!

Die meisten Menschen verstehen nicht, daß das große Gesetz des Universums besagt, man solle die Aufmerksamkeit auf das konzentrieren, was man sein möchte. Es geht um das Bewußtsein, das Gefühl, bereits im ersehnten Zustand zu sein. Dies ist das Wiedererkennen, der Zustand, in dem man das Selbst als Seele erkennt. Andernfalls, wenn man versucht, die Aufmerksamkeit auf Dinge oder Umstände zu richten, hat man es mit einer großen Falle zu tun: Ein schöneres Heim, einen anderen Beruf, ein größeres Bankkonto, oder Liebe - all jene Dinge, die einem ohnehin zufallen, vorausgesetzt man versetzt sich in den Erkenntniszustand, daß man ist, was man sein möchte. Die Seele ist der einzige Bereich, wo unsere Wünsche in eine ganzheitliche Verwirklichung der verschiedenen höheren Zustände einfließen können.

Nun, das Gesetz dieser Welt, wie wir es kennen, lautet: Wenn ein Mensch die Aufmerksamkeit auf ein Objekt richtet, das ihm Freude bereitet, wird er Qualen erleiden, wenn es abhanden kommt. Obwohl Christus sagte, daß dies spirituelles Gesetz ist, sind die Menschen irgendwie vom Wege abgekommen. In seiner Bergpredigt sagte er eindringlich zu allen: *„Trachtet zuerst nach dem Königreich des Himmels, und alles andere wird euch zufallen!"* Danach betonte er bei nahezu jeder seiner öffentlichen Reden, daß Gott-Realisation den ersten Platz in unserem Leben einnehmen sollte. Dieser besondere Punkt war es, den er allen einschärfte, die Ohren hatten, es zu hören.

Durch Aufmerksamkeit wirst du schließlich in der Lage sein, die Hindernisse zu überwinden, die sich dir auf deinem Weg voran und aufwärts in den Weg legen, und die einzige

Weise, wie du diese wunderbare Fähigkeit erlangen kannst, ist durch Übung - Übung macht den Meister, und das gilt in diesem Fall genauso wie in jedem anderen. Um deine Fähigkeit der Aufmerksamkeit zu trainieren, nimm eine Fotografie mit in denselben Raum wie vorher, und setze dich in derselben Position auf denselben Stuhl. Studiere sie mindestens zehn Minuten lang ganz genau. Betrachte den Ausdruck in den Augen, die Gesichtszüge, die Kleidung, die Frisur. Studiere tatsächlich jede Einzelheit auf dem Foto sehr sorgfältig.

Nun decke es zu, schließe die Augen und versuche, es mental zu sehen. Wenn du jede Einzelheit perfekt sehen und vor deinem geistigen Auge ein gutes Abbild des Fotos erstehen lassen kannst, kann man dich beglückwünschen. Wenn nicht, wiederhole den Vorgang, bis du ihn beherrschst. Diese Übung ist besonders wirksam, wenn du ein Foto des äußeren Meisters oder eines spirituellen Meisters nimmst, dem du dich zugewendet hast.

Dieser Schritt dient nur der Bereitung des Bodens. Wir werden dann bald bereit sein, die Saat auszusäen. Durch solche Übungen wirst du schließlich in der Lage sein, deine geistige Verfassung, deine Einstellung, dein Bewußtsein zu beherrschen. Große Finanzmakler lernen es, sich immer mehr von der Masse zurückzuziehen, um mehr Zeit zur Planung, zum Nachdenken und zur Schaffung der rechten geistigen Verfassung zu haben. Erfolgreiche Geschäftsleute stellen ständig die Tatsache unter Beweis, daß es sich auszahlt, sich mit dem Denken anderer erfolgreicher Geschäftsleute zu befassen. Eine einzige Idee mag Tausende von Dollars wert sein, und solche Ideen können nur denjenigen kommen, die aufnahmebereit für sie und in einer auf Erfolg ausgerichteten geistigen Verfassung sind.

Die meisten von ihnen lernen es, sich in einen Zustand zu versetzen, bei dem sie in Harmonie mit dem Universalen Bewußtsein sind. Sie erkennen die Einheit aller Dinge und lernen die grundlegenden Methoden und Prinzipien des Denkens, und das verändert ihre Lebensbedingungen und vervielfacht die Resultate. Sie merken, daß Umstände und Umgebung dem Bestreben des geistigen und spirituellen Fortschritts folgen. Sie stellen fest, daß Wachstum sich aus Wissen ergibt, Handeln aus Inspiration und die Gelegenheit aus Wahrnehmung. Das Spirituelle kommt immer zuerst, dann erfolgt die Umwandlung in die unendlichen und unbegrenzten Möglichkeiten der Vollendung. Da das Individuum nur der Beauftragte der Gotteskraft, des Universalen, ist, sind diese Möglichkeiten unerschöpflich. Laßt uns diesen Gedanken weiterführen. Was immer wir denken, sind wir; das haben uns fast alle Meister und Heiligen immer wieder gesagt.

Ich mache dir diese Vorschläge aus besonderen Gründen, und hinter ihnen steht eine Reihe besonderer spiritueller Gesetze. Ich nenne ein extremes Beispiel: Johanna von Orleans hörte Stimmen, und ihr Glaube an sie war so stark, daß sie den Verlauf der Geschichte veränderte. Gauguin, der französische Maler, war ein Sonntagsmaler, der so viel über gutes Malen lernte, daß sein Glaube an sich selbst ihn veranlaßte, sein gesichertes Leben, seinen Beruf, seine Frau usw. zu verlassen. Er gab dem Malstil aller zukünftigen Maler eine andere Richtung. Nijinsky, der große russische Ballettänzer, glaubte an eine Vision, die er einst gehabt hatte, und schuf für alle, die seinen Fußstapfen folgten, eine andere Art des Tanzes.

Das Denken ist ein Vorgang, bei dem wir die Kraft des Spirit in uns aufnehmen und die Wirkung in unserem Innersten aufrechterhalten, bis sie ein Teil unseres alltäglichen Bewußtseins geworden ist. Die Methode, dieses Ziel durch ständige Anwendung einiger grundlegender Prinzipien und spiritueller Übungen zu erreichen, ist der Universalschlüssel, der das Haus aufschließt, wo die Wahrheit gespeichert ist.

Körperliche Krankheit und mentale Angstzustände sind derzeit die Haupturheber menschlichen Leidens. Es läßt sich leicht nachweisen, daß das auf die Übertretung von Naturgesetzen zurückzuführen ist. Und dies wiederum liegt ohne Zweifel an der Tatsache, daß unser Wissen bruchstückhaft geblieben ist; aber die Wolken der Dunkelheit, die sich seit Menschengedenken angesammelt haben, beginnen sich aufzulösen, und mit ihnen werden viele Übel verschwinden, die Begleitumstände unvollständiger Aufklärung sind.

„Daß ein Mensch sich ändern, sich verbessern, sich erneuern kann, daß er sein Umfeld unter Kontrolle haben und sein eigenes Schicksal meistern kann, ist die Schlußfolgerung jedes Geistes, der für die Leistungsfähigkeit rechten Denkens, verbunden mit konstruktivem Handeln, voll erwacht ist.“

Larsen

Kapitel 7

Idealisierung, Visualisierung und Materialisation

*Wir werden lernen, uns als Verteilerzentren dieser
Ur-Energien zu sehen und als ihnen unterstellte Zentren
der Schöpfungskraft. Das automatisch reagierende Selbst
ist somit eine Teil-Ausdrucksform, und das Ziel ist
kein Geringeres als Freiheit.*

Unter Visualisierung versteht man die Schaffung von mentalen „Bildern", und das Bild ist die Form oder das Modell, das unserer Zukunft als Muster dient. Mache dieses Muster deutlich, und mache es schön. Hab keine Angst. Gestalte es wundervoll. Denke daran, daß dir niemand anders Grenzen setzt als du selbst. Dir sind keinerlei Beschränkungen finanzieller oder stofflicher Natur auferlegt.

Decke deinen Bedarf aus dem Unendlichen, baue ihn in deiner Vorstellungskraft auf. Das Bild muß bereits existieren, bevor es jemals irgendwo sichtbar werden kann. Mache das Bild deutlich und scharf. Fixiere es im Bewußtsein, und du wirst die Sache schrittweise und beharrlich an dich heranholen. Du kannst sein, was du „sein willst". Der Vorgang verläuft nach dem Prinzip des „bereits erfüllten Wunsches".

Dies ist eine weitere psychologische Tatsache, die sehr gut bekannt ist; doch nur darüber zu lesen führt leider nicht zu dem Ergebnis, das du dir vielleicht vorgestellt hast. Es wird nicht einmal dazu beitragen, das mentale Bild zu schaffen, geschweige denn, es in eine Form zu übertragen. Arbeit ist notwendig, harte Arbeit, eine Anstrengung, der sich nur wenige unterziehen wollen. Niemand kann es für dich tun als nur du selbst.

Der erste Schritt ist Idealisierung. Er ist auch der bedeutendste Schritt, da es hierbei um den Plan geht, nach dem du bauen wirst. Er muß solide sein. Er muß dauerhaft sein. Der Architekt, der ein 30-stöckiges Haus baut, hat jede Linie und jedes Detail im voraus gezeichnet. Wenn ein Ingenieur eine Schlucht überbrücken will, muß er zuerst die erforderliche Materialstärke von einer Million von Einzelteilen ermitteln.

Sie sehen das Endprodukt, bevor der erste Schritt getan wird. Genauso mußt du in deiner Vorstellung sehen, was du dir wünschst. Du säst den Samen aus, aber bevor du irgendeinen Samen aussäst, willst du wissen, wie die Ernte ausschauen soll. Das ist Idealisierung. Wenn du dir nicht sicher bist, greife täglich auf deine spirituellen Übungen zurück, bis dein Bild klar wird. Es wird sich schrittweise entfalten. Zuerst wird der Gesamtplan verschwommen sein, dann wird er Konturen annehmen, die Umrisse werden Gestalt gewinnen, dann die Einzelheiten, und du wirst nach und nach die Kraft entwickeln, die dich befähigt, Pläne zu entwickeln, die sich mit der Zeit in der äußeren Welt materialisieren. Dir wird klar werden, was die Zukunft für dich bereithält.

Darauf folgt der Vorgang der Visualisierung. Du mußt das Bild immer vollständiger sehen, du mußt jedes Detail sehen, und wenn die Details sich zu entfalten beginnen, werden sich auch die Art und Weise ergeben, wie man ihnen zur Manifestation verhelfen kann. Eines zieht das andere nach sich. Der Gedanke führt zur Tat, die Tat entwickelt Methoden, Methoden ziehen Freunde an, und Freunde führen Umstände herbei, und schließlich wird sich der dritte Schritt, die Materialisierung, vollzogen haben.

Wir alle erkennen, daß das Universum „in die Form gedacht" worden sein muß, bevor es jemals materielle Wirklichkeit hatte werden können. Und wenn wir willens sind, nach den Grundsätzen des großen Architekten des Universums vorzugehen, werden wir erleben, daß unsere Gedanken Gestalt annehmen, auf die gleiche Weise, wie auch das Universum feste Form annahm. Es ist das gleiche Bewußtsein, das durch das Individuum wirksam wird. Der Unterschied besteht nicht in Art oder Qualität; der einzige Unterschied liegt im Ausmaß.

Der Architekt visualisiert sein Gebäude; er sieht es so, wie es nach seinen Wünschen aussehen soll. Sein Gedanke wird eine veränderbare Form, aus der schließlich das Gebäude erstehen wird, ein hohes oder ein niedriges, ein wunderschönes oder ein einfaches; seine Vision nimmt auf dem Papier Gestalt an, und zum Schluß wird das erforderliche Material verwendet, und das Gebäude steht fertig da.

Der Erfinder visualisiert seine Ideen auf genau die gleiche Weise. Als Beispiel sei Nikola Tesla genannt, einer der größten Erfinder aller Zeiten, der Mann mit dem gigantischen Intellekt, der die erstaunlichsten Dinge schuf. Er visualisierte seine Erfindungen immer, ehe er den Versuch unternahm, sie in die Praxis umzusetzen. Er überstürzte nichts bei der Übertragung in die Form; er hätte dann ja seine Zeit damit vergeuden müssen, die Mängel zu korrigieren. Nachdem er zunächst die Idee in seiner Imagination aufgebaut hatte, hielt er sie dort als mentales Bild fest, um sie dann durch seine Gedanken zu rekonstruieren und zu verbessern.

„Auf diese Weise", so schrieb er im Electrical Experimenter, „kann ich ein Konzept schnell und perfekt entwickeln, ohne etwas in die Hand zu nehmen. Wenn ich so weit bin,

daß ich jede nur denkbare Verbesserung in meine Erfindung eingebaut habe und nirgendwo einen Fehler erkennen kann, lasse ich das Produkt meiner Gedanken konkrete Wirklichkeit werden. Stets funktioniert das von mir Erdachte so, wie ich es mir vorgestellt habe; in zwanzig Jahren hat es noch keine einzige Ausnahme gegeben."

Wenn du es fertigbringst, diese Anweisungen gewissenhaft zu befolgen, wirst du Vertrauen entwickeln, ein Vertrauen, das die *„Substanz der Dinge ist, die man sich erhofft, das der Beweis für Dinge ist, die man nicht sieht."* Du wirst Zuversicht entwickeln, die Art von Zuversicht, die Ausdauer und Mut zur Folge hat. Du wirst die Konzentrationsfähigkeit entwickeln, die dich in die Lage versetzt, alle Gedanken auszuschalten außer jenen, die mit deinem Ziel zu tun haben. Das Gesetz besagt, daß Gedanken Form annehmen, und nur derjenige, der weiß, wie er der göttliche Schöpfer seiner eigenen Gedanken sein kann, wird jemals den Platz eines Meisters einnehmen und mit Autorität sprechen.

Klarheit und Genauigkeit kann man nur dadurch erreichen, daß man ständig und wiederholt das Bild im Bewußtsein hat. Jede Wiederholung läßt das Bild klarer und deutlicher erstehen als das vorangegangene, und die äußere Manifestation wird der Klarheit und Deutlichkeit des Bildes entsprechen. Du mußt es sicher und fest in deiner geistigen Welt erbauen, der Welt im Inneren, bevor es in der äußeren Welt Form annehmen kann, und du kannst nichts bauen, das einen Wert hat, wenn du nicht das geeignete Material hast; das gilt auch für die mentale Welt.

Wenn du das Material hast, kannst du alles bauen, was du möchtest, aber sei dir sicher, daß du das richtige Material hast. Du kannst keine feinen Stoffe aus Lumpen herstellen.

Dieses Material wird von Millionen stiller mentaler Arbeiter hervorgebracht und nach dem Bild geformt, das in deinem Bewußtsein besteht.

Stell dir das einmal vor! Du besitzt über fünf Millionen dieser mentalen Arbeiter, die immer bereit und aktiv sind: Sie werden Gehirnzellen genannt. Außerdem gibt es eine weitere Reservetruppe von etwa der gleichen Anzahl, die beim geringsten Bedarf abgerufen werden kann. Deine Gedankenkraft ist dann nahezu unbegrenzt, und das bedeutet, daß deine Leistungsfähigkeit praktisch unbegrenzt ist, dasjenige Material zu erzeugen, das du brauchst, um dir jede gewünschte Umgebung aufzubauen.

Außer diesen Millionen von mentalen Arbeitern stehen dir Milliarden mentaler Arbeiter im Körper zur Verfügung, von denen jeder mit genügend Intelligenz ausgestattet ist, die Botschaften oder Befehle zu verstehen, die ihm gegeben werden, und dementsprechend zu handeln. Diese Zellen sind alle damit beschäftigt, den Körper zu erschaffen und zu erneuern, aber zusätzlich sind sie noch mit der psychischen Energie begabt, Substanz an sich zu ziehen, die für eine perfekte Entwicklung notwendig ist.

Sie tun dies dem gleichen Gesetz zufolge und auf die gleiche Weise, wie jede Lebensform die für ihr Wachstum notwendige Nahrung anzieht. Die Eiche, die Rose, die Lilie, sie alle brauchen eine bestimmte Nahrung für eine vollendete Ausdrucksform, und sie stellen sie durch ihr stummes Fordern, durch das Gesetz der Anziehung, sicher, das die zuverlässigste Weise ist, sich zu verschaffen, was man für eine optimale Entwicklung braucht.

Wir sollten es uns zur Gewohnheit machen, unsere Bewußtseinshaltung als Schlüssel zum Fortschritt im Leben anzusehen, in dem Wissen, daß alles andere daraus folgen wird. Weiterhin werden wir entdecken, daß unsere Bewußtseinshaltung mit der Zeit dadurch bestimmt wird, wie wir die göttliche Kraft betrachten. Das Endergebnis wird sein, daß wir die spirituelle Kraft als gleichbedeutend mit Leben, Liebe und Schönheit erkennen. Diese ihrerseits sind identisch mit Weisheit und der vollendeten Anpassung von Teilen an ein Ganzes.

Wir werden lernen, uns als Verteiler dieser höchsten Ur-Energien zu sehen und als ihnen unterstellte Zentren jener schöpferischen Kraft. Das automatisch reagierende Selbst ist dann eine Teil-Ausdrucksform, und das Ziel ist kein Geringeres als Freiheit. Nicht Freiheit ohne Gesetz, sondern Freiheit in Harmonie mit dem Gesetz. Wir werden wie Gott, wenn wir ihn sehen, wie er ist, da dieser ganze Prozeß, wie Er sich im Menschen individualisiert, eine Spiegelung des ursprünglichen Bildes ist, das im Göttlichen Spirit existiert.

Mach dir ein mentales Bild, mache es klar, deutlich und perfekt. Halte es fest. Die Mittel und Wege werden sich ergeben. Bereitstellung erfolgt auf Nachfrage. Du wirst angeleitet, das Richtige im rechten Moment und auf die richtige Weise zu tun. Der ernsthafte Wunsch wird zu einer vertrauensvollen Erwartungshaltung, und diese wiederum muß durch entschlossene Forderungen gefestigt werden. Diese drei Faktoren führen mit Gewißheit zur Vollendung, denn der ernsthafte Wunsch ist das Gefühl, zuversichtliche Erwartungen sind die Gedanken, und entschlossenes Fordern ist der Wille, und, wie wir gesehen haben, geben die Gefühle dem Gedanken Vitalität, und der Wille hält ihn stabil, bis das Gesetz des Wachstums ihn zur Manifestation bringt.

Ist es nicht wunderbar, daß der Mensch solch eine gewaltige Kraft in sich hat, solche metaphysischen Fähigkeiten, von denen er keine Vorstellung hatte? Ist es nicht seltsam, daß wir immer gelehrt wurden, Kraft und Stärke „außen" zu suchen? Es wurde uns beigebracht, überall zu suchen, nur nicht „innen", und immer, wenn sich diese Kraft in unserem Leben manifestierte, wurde es als etwas Übernatürliches hingestellt.

Es gibt viele, die es gelernt haben, diese wunderbare Kraft zu verstehen, und die ernsthafte und bewußte Anstrengungen unternehmen, Gesundheit, Stärke und andere Umstände Wirklichkeit werden zu lassen, und denen es doch nicht gelingt. Sie scheinen nicht in der Lage zu sein, das Gesetz in Gang zu setzen. Die Schwierigkeit in beinahe jedem Fall ist, daß sie sich mit äußerlichen Dingen befassen. Sie streben nach Geld, Macht, Gesundheit und Überfluß, aber sie erkennen nicht, daß diese Dinge nur Auswirkungen sind und erst dann eintreten können, wenn die Ursache ausfindig gemacht wurde.

Die Menschen, die der äußeren Welt keine Aufmerksamkeit widmen, werden nur nach Wahrheit und Weisheit trachten, und sie werden feststellen, daß diese Weisheit sich entfaltet, die Quelle aller Kraft freilegt und sich in Gedanken und Zielsetzungen manifestiert, welche die gewünschten äußeren Bedingungen schaffen. Diese Wahrheit wird in hochstehenden Zielen und mutigen Taten zum Ausdruck kommen.

Schaffe nur Idealbilder, verschwende keinen Gedanken an äußere Umstände. Mache die Welt im Innern wunderschön und reichhaltig, und die äußere Welt wird dies zum Ausdruck bringen und die Bedingungen manifestieren, die du im Innern geschaffen hast. Du wirst dir deiner Fähigkeit bewußt werden, Ideale zu schaffen, und diese Ideale werden in die Welt der Auswirkungen projiziert bis hin zum Endergebnis, dem erfüllten Wunsch.

Wenn ein Mensch zum Beispiel Schulden hat, denkt er ständig an seine Schulden und konzentriert sich auf sie. Da Gedanken Ursachen sind, werden sie zur Folge haben, daß er die Schulden nicht nur enger an sich bindet, sondern sich tatsächlich noch mehr Schulden zulegt. Er setzt das großartige Gesetz der Anziehung in Bewegung mit dem üblichen und unvermeidbaren Ergebnis. Verlust führt zu noch größerem „Verlust".

Was also ist die richtige Grundeinstellung? Konzentriere dich auf die Dinge, die du dir wünschst, nicht auf Dinge, die du dir <u>nicht</u> wünschst. Denke an Fülle, und bringe die Methoden und Pläne auf Hochform, um das Gesetz der Fülle in Gang zu setzen. Visualisiere die Umstände, die das Gesetz der Fülle schafft. Das Ergebnis wird Manifestation sein. Wenn das Gesetz perfekt funktioniert, um denjenigen Menschen Armut, Mangel und jede Form der Begrenzung zu bringen, die ständig an Angst und Mangel denken, wird es mit der gleichen Zuverlässigkeit den Menschen Umstände der Fülle und des Überflusses verschaffen, die Gedanken des Mutes und der Kraft nähren.

Dies ist für viele ein schwieriges Problem. Wir sind zu ängstlich. Wir sind von Furcht, Angst und Kummer beherrscht. Wir möchten etwas tun, wir möchten helfen. Wir sind wie das Kind, das einen Samen in die Erde gelegt hat und jede Viertelstunde hingeht und die Erde aufwühlt, um zu sehen, ob er auch wächst. Natürlich wird die Saat unter solchen Bedingungen niemals aufgehen, und doch ist dies genau das Verhalten, das viele von uns in der mentalen Welt praktizieren. Wir müssen den Samen säen und ihn ungestört ruhen lassen. Das bedeutet nicht, daß wir uns hinsetzen und nichts tun. Keineswegs. Wir werden mehr und bessere Arbeit leisten als je zuvor. Neue Quellen werden uns ständig aufgetan, neue Türen öffnen sich. Alles was nottut, ist zu handeln, wenn die Zeit reif ist.

Wenn überhaupt Spirit sich selbst Gesetz ist, um Leben, Liebe und Schönheit auszudrücken, dann findet sich die Antwort im Bewußtsein des Menschen. Ich kann von nichts eine Bewußtheit haben, es sei denn, ich erkenne eine bestimmte Beziehung zwischen dem Es und mir. Das Es muß in irgendeiner Weise auf mich wirken, sonst bin ich mir Seiner Existenz nicht bewußt. Gemäß der Weise, wie Es auf mich einwirkt, erkenne ich, daß ich eine Beziehung zu Ihm habe. Diese Selbsterkenntnis in bezug auf alle Beziehungen, die ich eingehe, seien sie spiritueller, intellektueller oder materieller Natur, ist es, die meine Erkenntnis über das Leben ausmacht. Dies ist das Prinzip der Lebenserkenntnis und der Schaffung von Lebenszentren. Dadurch kann man volle Bewußtheit erreichen und von göttlicher Kraft durchströmt werden.

Gedankenkraft ist das wirksamste Werkzeug zur Erlangung von Wissen, und wenn man sie auf irgendeine Sache konzentriert, wird sie das Problem lösen. Nichts liegt außerhalb der Macht menschlichen Verstehens, aber um die Gedankenkraft nutzbar und sich gefügig zu machen, ist Arbeit notwendig.

Denke daran, der Gedanke ist das Feuer, das den Dampf erzeugt, der das Rad des Glücks antreibt, von dem deine Erfahrungen abhängen. Stelle dir selbst ein paar Fragen, und warte ehrerbietig auf die Antwort. Spürst du nicht hin und wieder das Seelen-Selbst in dir? Willst du diesem Selbst Geltung verschaffen, oder folgst du der Mehrheit? Bedenke, daß die Mehrheit immer geführt wird und niemals selbst führt. Die Mehrheit war es, die erbittert gegen die Dampfmaschine, den mechanischen Webstuhl und jeden anderen Fortschritt und jede Verbesserung gekämpft hat, die jemals angeregt wurde.

Wo immer persönliche Freiheit existiert, gibt es wirkliche Freiheit und Stärke, die stets damit einhergehen. Wann immer wir sie vorfinden, treffen wir auch die noch größere Stärke des Spirit an. Auf dieser Stufe spiritueller Freiheit entsteht Harmonie. Man kann sie nie finden, wenn man eine Begrenzung durch eine andere ersetzt, sondern sie kommt, wenn man sich unter das Gesetz der Gnade begibt, und sich Spirit und dem Inneren Meister hingibt.

Eine Übung für dich: Visualisiere einen Freund, sieh ihn so, wie du ihn zuletzt gesehen hast. Betrachte den Raum, die Möbel, erinnere dich an euer Gespräch. Nun schau sein Gesicht an, schau es dir genau an, sprich mit ihm über eine Angelegenheit von gemeinsamem Interesse. Beobachte, wie sein Gesichtsausdruck sich verändert, beobachte sein Lächeln. Kannst du das? Dann erwecke sein Interesse, erzähl ihm von einem Abenteuer, schau ihm zu, wie seine Augen vor Vergnügen oder Begeisterung aufleuchten. Gelingt dir all das? Wenn ja, dann ist deine Vorstellungskraft gut; du machst ausgezeichnete Fortschritte.

Kapitel 8

Kultivierung der Imagination

Die Kultivierung der Imagination führt zur Entfaltung des Ideals, aus dem deine Zukunft erwachsen wird. Die Imagination sammelt das Material, aus dem das Verstandesbewußtsein das Tuch webt, in das deine Zukunft gekleidet werden soll.

Der Gedanke enthält ein Lebensprinzip, denn er ist das schöpferische Prinzip des Universums und verbindet sich aufgrund seiner Natur mit anderen, ähnlichen Gedanken. Da der alleinige Zweck des Lebens Wachstum und Entfaltung ist, müssen alle Prinzipien, die dem Dasein zugrunde liegen, zu seiner Auswirkung beitragen. Folglich nehmen Gedanken Gestalt an, und das Gesetz des Wachstums bewirkt schließlich ihre Manifestation.

Du kannst frei wählen, was du denkst, aber das Ergebnis deines Denkens unterliegt einem unveränderlichen Gesetz. Jeder Gedankengang, den man beibehält, muß einfach seine Wirkung im Charakter, in der Gesundheit und den Lebensumständen desjenigen zeigen. Daher sind Techniken, bei denen man gewohnheitsmäßig konstruktives Denken an die Stelle von solchen Gedanken setzt, die nur unerwünschte Wirkungen erzielen, von größter Wichtigkeit.

Wir alle wissen, daß dies keineswegs einfach ist. Denkgewohnheiten sind sehr schwer in den Griff zu bekommen, aber es ist möglich. Man macht es so, daß man destruktive Gedanken sofort durch konstruktive Gedanken ersetzt. Gewöhne dir an, jeden Gedanken zu analysieren. Wenn er notwendig ist, wenn seine Gestaltwerdung in der objektiven Welt nicht nur für dich, sondern für alle von Vorteil ist, die er in irgendeiner Weise berühren könnte, ist er wertvoll. Bewahre ihn, hege ihn, denn er ist im Einklang mit dem Unendlichen. Er wird wachsen, sich entwickeln und hundertfach Frucht tragen. Andererseits wird es ratsam sein, sich den Ausspruch von George Matthews Adams einzuprägen: *„Lerne deine Tür verschlossen zu halten, verwehre jedem Element den Zugang zu deinem Bewußtsein, zu deinem Büro und zu deiner Welt, bei dem keine Aussicht auf ein nützliches Ergebnis besteht."*

Wenn deine Gedanken kritisch oder destruktiv waren und zu Spannungen und Disharmonie in deiner Umgebung geführt haben, ist es vielleicht notwendig, daß du an einer Bewußtseinshaltung arbeitest, die aufbauenden Gedanken förderlich ist. Die psychischen Kräfte arbeiten in den niederen Welten, das heißt, in der physischen, astralen, kausalen und mentalen Welt. Es wird immer davon gesprochen, daß die Universale Verstandeskraft der höchste Bewußtseinszustand sei, wobei sie jedoch mit dem Namen Gotteskraft und vielen anderen Namen bezeichnet wird. Dies stimmt keinesfalls und ist nur Maya, ist nur Illusion, die die negative Macht geschaffen hat.

Maya ist die Täuschung, welcher der Mensch ständig von allen Seiten ausgesetzt ist und der er meistens vertraut. Er richtet sich in seinem Leben nach Traditionen und Meinungen, die weder für ihn noch für sein Lebensziel von Wert sind. Er wurde in dem Glauben erzogen, daß alles in dieser Welt Realität sei. Es ist natürlich schwierig, ihn dazu zu bewegen, seine Einstellung zu ändern, besonders unter den auf der ganzen Welt herrschenden Gesetzen der Zivilisation. Genaugenommen ist er ein Produkt von Jahrhunderten früherer Leben und Vorfahren, und es ist buchstäblich unmöglich, ihn über Nacht zu ändern oder dies auch nur zu versuchen.

Man wird feststellen, daß die Imagination in dieser Hinsicht eine große Hilfe ist. Die Kultivierung der Imagination führt zur Entfaltung des Ideals, aus dem deine Zukunft erwachsen wird. Die Imagination sammelt das Material, aus dem das Verstandesbewußtsein das Tuch webt, in das deine Zukunft gekleidet wird. Imagination ist das Licht, mit dem wir in neue Gedanken- und Erfahrungswelten vordringen können. Imagination ist das machtvolle Instrument, mit dessen Hilfe jeder Entdecker, jeder Erfinder sich den Weg von seinem vorausgegangenen Denken zur Erfahrung hin ebnete. Das vorherige Denken sagte: *„Es ist nicht machbar."* Die Erfahrung sagte: *„Es ist getan."*

Imagination ist die konstruktive Form des Denkens, die jeder konstruktiven Handlungsweise vorausgehen muß. Ein Bauunternehmer kann keinerlei Gebäude errichten, ohne vorher die Pläne vom Architekten bekommen zu haben, und der Architekt läßt die Pläne in seiner Vorstellungskraft erstehen. Ein Industriekapitän kann kein wirtschaftliches Imperium aufbauen, das aus Hunderten kleinerer Firmen mit Tausenden von Angestellten bestehen könnte, und ein Kapital von vielen Millionen von Dollars einsetzen, ohne zuerst den gesamten Komplex in seiner Vorstellung erschaffen zu haben.

Gegenstände in der materiellen Welt sind wie der Ton in der Hand des Töpfers. Die eigentlichen Dinge werden von einem voll entfalteteten Bewußtsein erschaffen, und es geschieht durch Anwendung der Imagination, daß die Arbeit getan wird. Um die Imagination zu kultivieren, muß man sie üben. Übung ist erforderlich, um die mentale Muskulatur zu trainieren, genauso wie es bei der physischen Muskulatur notwendig ist. Sie muß mit Nahrung versorgt werden, sonst kann sie nicht wachsen. Verwechsle die Vorstellungskraft nicht mit Phantasie oder der Art von Tagtraum, dem manche Menschen gerne nachhängen. Konstruktive Imagination bedeutet mentale Arbeit, die von einigen als die härteste Art von Arbeit betrachtet wird; aber selbst wenn dem so ist, bringt sie doch den größten Gewinn, denn alle großen Dinge ereigneten sich im Leben von Männern und Frauen, die die Fähigkeit hatten, zu denken, zu imaginieren und ihre Träume wahr werden zu lassen.

Die Rolle des Menschen in der kosmischen Ordnung ist die eines Verteilers göttlicher Kraft, und er ist abhängig vom immanenten Gesetz der Kraft, die er verteilt. Niemals wird die Kraft von uns erschaffen, wir verteilen sie nur. Aus diesem Grund wird vom Menschen in den Schriften als einem Verwalter oder Verteiler der göttlichen Gaben gesprochen. Sobald unserem Verstand die volle Bedeutung dieser Anschauung aufgeht, werden die ungeheuren Möglichkeiten und Verantwortlichkeiten offenbar. Wenn wir keine dieser Methoden verstehen, sollten wir mit mentaler Selbsterkenntnis anfangen in dem Wissen, daß durch das dem Spirit innewohnende Gesetz die entsprechenden Umstände in einem ganz natürlichen Ablauf eintreten werden. Es muß uns klar werden, daß es sich bei Selbsterkenntnis um unsere Beziehung zum Spirit, dem Kraft erzeugenden Zentrum, handelt, wobei der einzelne als Verteilerzentrum agiert.

Man könnte es mit der Elektrizität vergleichen, die in einem Kraftwerk erzeugt und in unterschiedlicher Form durch entsprechende Verteilerstationen geschickt wird. An einem Ort erhellt sie einen Raum, an einem anderen überbringt sie eine Botschaft, und an einem dritten treibt sie einen Zug an. In ähnlicher Weise nimmt die Kraft des Spirit in jeder einzelnen Seele eine besondere Form an. Sie mischt sich nicht in die Ausprägungen ihrer Individualität ein, sondern arbeitet mit ihnen, und dadurch wird derjenige nicht etwa weniger er selbst, sondern mehr er selbst. Folglich ist sie keine zwingende Kraft, sondern eine erweiternde und erleuchtende Kraft. Je mehr wir die Wechselwirkung zwischen uns und der Kraft erkennen, desto erfüllter muß unser Leben werden.

Wenn du dir der Tatsache voll bewußt geworden bist, daß das Bewußtsein das einzige schöpferische Prinzip ist, daß es Allmacht, Allwissenheit und Allgegenwart ist und daß du durch deine Gedankenkraft bewußt in Einklang mit der Allmacht kommen kannst, dann wirst du einen großen Schritt in die richtige Richtung getan haben. Der nächste Schritt ist, dich in die Lage zu versetzen, diese Kraft zu empfangen. Da sie allgegenwärtig ist, muß sie auch in dir sein. Wir wissen, daß es so ist, denn wir wissen, daß alle Kraft von innen kommt; doch sie muß entwickelt, entfaltet und gepflegt werden. Wollen wir dies tun, müssen wir für den Inneren Meister empfänglich sein, und diese Empfänglichkeit eignen wir uns auf die gleiche Weise an wie physische Kraft, nämlich durch Übung.

Das Gesetz der Anziehung wird sicher und unfehlbar die Bedingungen, die Umgebung und die Lebenserfahrungen für dich herbeiführen, die mit deiner charakteristischen, herausragenden geistigen Haltung übereinstimmen. Nicht das, was du ab und zu denkst, wenn du über Gott staunst oder gerade ein gutes Buch gelesen hast, sondern deine vorherrschende geistige Haltung zählt. Du kannst nicht zehn Stunden am Tag schwache, schädliche, negative Gedanken nähren und dann erwarten, daß du mit zehn Minuten kraftvoller, positiver und kreativer Gedanken wunderbare, stabile und harmonische Umstände herbeiführen kannst.

Wirkliche Kraft kommt von innen. Alle Kraft, die der Mensch möglicherweise benutzen kann, liegt in ihm und wartet nur darauf, sichtbar gemacht zu werden, indem er sie zunächst einmal erkennt, sie dann als sein eigen bestätigt und sie in sein Bewußtsein einarbeitet, bis er eins wird mit ihr. Die Menschen sagen, daß sie ein reiches Leben führen möchten, und das tun sie auch; aber so viele interpretieren dies so, als sei gemeint, man müsse seine Muskeln trainieren, Atemübungen machen, spezielle Nahrungsmittel auf bestimmte Weise essen, eine bestimmte Anzahl Gläser Wasser einer bestimmten Temperatur trinken, sich vor Zugluft schützen und werde dadurch das Leben der Fülle bekommen, das man sucht. Die Ergebnisse dieser Methoden sind nebensächlich. Doch wenn der Mensch erwacht und die Wahrheit erkennt und bejaht, daß er eins ist mit allem Leben, dann merkt er, daß sein Blick klarer, sein Schritt elastischer und seine Kraft wie die eines Jugendlichen wird. Er stellt fest, daß er die Quelle aller Kraft entdeckt hat.

Alle Fehler sind nur Fehler aus Unwissenheit und aus fehlerhaftem Urteilsvermögen. Der Erwerb von Wissen und die daraus resultierende Kraft bestimmen Wachstum und Evolution. Das Erkennen und die Anwendung von Wissen machen Kraft aus, und diese Kraft ist spirituelle Kraft, die Kraft, die im Herzen aller Dinge liegt. Sie ist die Seele des Universums. Dieses Wissen ist das Ergebnis des menschlichen Denkvermögens. Daher ist der Gedanke der Keim der bewußten Evolution des Menschen. Wenn der Mensch aufhört, in seinen Gedanken und Idealen Fortschritte zu machen, fangen seine Kräfte sofort an, sich aufzulösen, und in seinem

Gesichtsausdruck prägen sich diese sich verändernden Bedingungen allmählich aus.

Erfolgreiche Menschen machen es sich zur Aufgabe, an der Idealvorstellung von Umständen, die sie erreichen möchten, festzuhalten. Sie sehen im Geiste ständig den nächsten Schritt, der für die Erreichung des Ideals, das sie anstreben, notwendig ist. Gedanken sind das Material, mit dem sie bauen, und die Vorstellungskraft ist ihre mentale Werkstatt. Das Verstandesbewußtsein ist die ständig sich bewegende Kraft, mit deren Hilfe sie an die Personen und Umstände kommen, die für den Bau ihrer Erfolgsstruktur notwendig sind, und die Imagination ist die Matrix, nach der alle großen Dinge gestaltet werden.

Bist du deinem Ideal treu geblieben, dann wirst du den Ruf hören, wenn die Umstände bereit sind, deine Pläne Wirklichkeit werden zu lassen, und die Ergebnisse werden in genauem Verhältnis zur Treue deinem Ideal gegenüber stehen. Das Ideal, an dem man beständig festhält, bestimmt die notwendigen Umstände, die zu seiner Verwirklichung führen, und zieht sie an. Auf diese Weise wirst du ein Gewand aus Spirit und Kraft in das Netz deiner gesamten Existenz einweben können. Auf diese Weise kannst du ein zauberhaftes Leben führen und für immer vor Schaden geschützt sein. So wirst du eine positive Kraft werden, wodurch Umstände voller Fülle und Harmonie von dir angezogen werden. Dies ist der Veränderungsfaktor, der allmählich das allgemeine Bewußtsein durchdringt und weitgehend für die Zustände der Unruhe verantwortlich ist, die überall zutage treten.

Wir menschlichen Wesen unterscheiden uns nicht nach der Maßgabe, wie wir unter dem Gesetz der Gnade leben, sondern je nachdem, wie wir dieses Gesetz verstehen. Der gesamte Prozeß der Gnade oder dessen, was wir den göttlichen Segen Gottes nennen, besteht darin, daß der göttliche Spirit ständig danach drängt, sich durch das Individuelle und das Besondere auszudrücken. Darum ist Spirit in seinen verschiedenen Formen das Leben und die Substanz des Universums.

Wenn es eine Ausdrucksform göttlicher Gnade geben soll, dann kann es nur dadurch geschehen, daß die gleichen Qualitäten zum Ausdruck gelangen, die latent im göttlichen Spirit bestehen. Wäre die göttliche Gnade weniger als das, dann wäre sie nur eine Art Mechanismus und würde nicht den Homo Sapiens als ihren Verteilerkanal benutzen, und zwar weder in den niederen Welten noch in der Mentalwelt, die in gewissem Sinne mit der Gnade Gottes identisch ist. Das ist der Grund, warum man sagt, der Mensch sei als Ebenbild und Abbild Gottes geschaffen; denn Gott ist tatsächlich der große Kanal, der ein Meer des Segens auf alle Dinge in allen Welten verteilt.

In der letzten Übung hast du ein mentales Bild geschaffen; du brachtest es vom Unsichtbaren ins Sichtbare. Nun nimm einen Gegenstand, und verfolge ihn zurück zu seinem Ursprung; schau, woraus er wirklich besteht. Wenn du dies tust, wirst du Imaginationsfähigkeit entwickeln, Einsicht, Wahrnehmungsvermögen und Intuition. Die oberflächliche Beobachtungsweise der Mehrheit kann dies nicht erreichen, sondern es erfordert scharfe, analytische Beobachtung, die sieht, was unter der Oberfläche liegt. Nur wenige wissen, daß die Dinge, die sie sehen, bloß Auswirkungen sind, und kaum jemand versteht die Ursachen, die zu diesen Wirkungen geführt haben.

Nimm dieselbe Position ein wie zuvor, und visualisiere ein Schlachtschiff. Schau, wie das düstere Ungeheuer auf der

Wasseroberfläche schwimmt. Es scheint kein Leben darin zu sein; es herrscht Stille. Du weißt, daß der bei weitem größte Teil des Schiffes den Blicken entzogen unter Wasser liegt, daß das Schiff so groß und schwer ist wie ein 20-stöckiges Hochhaus, daß es dort Hunderte von Männern gibt, die bereit sind, sofort die ihnen zugewiesene Aufgabe zu übernehmen. Du weißt, daß jede Abteilung mit befähigten, gut trainierten und ausgebildeten Männern besetzt ist, die bewiesen haben, daß sie dieses wunderbare Stück Technik betreuen können.

Obwohl es den Eindruck vermittelt, nichts zu bemerken, weißt du doch, daß es Augen hat, die alles im Umkreis vieler Meilen sehen und daß nichts diesen wachsamen Blicken entgeht. Es erscheint ruhig, fügsam und unschuldig und ist doch dafür gerüstet, ein Stahlprojektil von mehreren tausend Pfund auf irgendeinen Feind abzuschießen, der viele Meilen weit entfernt ist. Dies und vieles mehr kannst du dir mit einer vergleichsweise geringen Anstrengung vergegenwärtigen. Aber wie ist das Schlachtschiff dorthin gekommen, wo es jetzt ist? Wie entstand es überhaupt? All dies möchtest du wissen, wenn du ein sorgfältiger Beobachter bist.

Verfolge die großen Stahlplatten zurück in die Gießerei; schau dir an, wie Tausende von Männern an ihrer Produktion arbeiten. Geh noch weiter zurück, und schau zu, wie das Erz aus der Mine kommt, beobachte, wie es auf Schiffe oder Lastwagen verladen wird, sieh dir an, wie es geschmolzen und bearbeitet wird. Geh noch weiter zurück, und stelle dir den Architekten und die Ingenieure vor, die dieses Schiff planten. Laß deine Gedanken dich noch weiter zurücktragen, um zu sehen, warum sie dieses Schiff planten.

Du wirst erleben, daß du nun bis an den Punkt zurückgegangen bist, wo das Schiff etwas nicht Greifbares ist; es existiert nicht mehr. Es ist jetzt nur ein Gedanke im Kopf des Architekten, aber woher kam der Auftrag, dieses Schiff zu planen? Vermutlich vom Kriegsminister, aber vermutlich wurde dieses Schiff lange vorher geplant, noch bevor an einen Krieg gedacht wurde, und der Kongreß mußte das Gesetz verabschieden, das die nötigen Geldmittel zur Verfügung stellte. Möglicherweise gab es eine Opposition und Reden für und gegen diesen Antrag.

Wen vertreten diese Kongreßabgeordneten? Sie vertreten dich und mich, und so beginnt unsere Gedankenkette bei dem Schlachtschiff und endet bei uns, und so merken wir bei der abschließenden Analyse, daß unsere eigenen Gedanken dafür und für vieles andere verantwortlich sind, woran wir selten denken. Und wenn wir noch ein wenig länger nachdenken, dann entdecken wir den wichtigsten Punkt, nämlich: Wenn es nicht jemanden gegeben hätte, der das Gesetz entdeckt hätte, daß diese ungeheure Masse von Eisen und Stahl auf dem Wasser schwimmen kann, anstatt sofort auf den Grund zu sinken, dann hätte dieses Schlachtschiff überhaupt nie entstehen können.

Dieses Gesetz besagt, daß *„das spezifische Gewicht einer Substanz dem Gewicht des Wassers entspricht, das sie verdrängt"*. Die Entdeckung dieses Gesetzes revolutionierte die Schiffahrt, die Wirtschaft, die Kriegführung und machte die Existenz des Kriegsschiffes möglich. Du wirst merken, daß Übungen dieser Art sehr wertvoll sind. Wenn das Denken so geschult wird, daß man unter die Oberfläche schauen kann, nehmen sich alle Dinge ganz anders aus - das Unbedeutende wird bedeutsam, das Uninteressante interessant. Die Dinge, die wir für unwichtig hielten, werden wir als die einzig wirklich bedeutenden Dinge erkennen, die es gibt.

SCHAU AUF DIESEN TAG.
Denn er ist Leben, das eigentliche Leben des Lebens.
In seinem kurzen Verlauf liegen alle Wahrheit
und alle Wirklichkeit deiner Existenz.
Der Segen des Wachstums; die Herrlichkeit der Tat;
die Pracht der Schönheit; denn das Gestern ist nur ein
Traum, und das Morgen ist nur eine Vision; doch das Heute
gut gelebt macht jedes Gestern zu einem Traum des Glücks
und jedes Morgen zu einer Vision der Hoffnung.
Deshalb gib gut acht auf DIESEN TAG!
Aus dem Sanskrit

Kapitel 9

Gebrauchsfertige Affirmation

Die Affirmation „Ich bin heil, vollkommen, stark, kraftvoll, liebevoll, harmonisch und glücklich" wird harmonische Umstände schaffen. Der Grund dafür ist, daß diese Affirmation vollständig mit der Wahrheit übereinstimmt, und wenn die Wahrheit erscheint, wird jede Form des Irrtums oder Mißklangs zwangsläufig verschwinden müssen.

Es gibt nur drei Dinge, die man sich in der „äußeren Welt" überhaupt wünschen kann, und alle drei kann man in der „inneren Welt" finden. Das Geheimnis, sie zu finden, besteht einfach darin, den richtigen „Mechanismus" bei der Beziehung zur Allmacht anzuwenden, zu der jeder einzelne Zugang hat.

Die drei Dinge, welche die ganze Menschheit sich wünscht und die für ihre höchste Ausdrucksweise und ganzheitliche Entwicklung notwendig sind, heißen Gesundheit, Wohlstand und Liebe. Alle werden zustimmen, daß Gesundheit absolut wichtig ist. Niemand kann glücklich sein, wenn der physische Körper Schmerzen hat. Nicht alle werden ohne weiteres zugeben, daß Wohlstand notwendig ist, aber alle müssen zugeben, daß zumindest ein ausreichendes Auskommen gewährleistet sein muß, und was der eine für ausreichend hält, wird der andere als absoluten und schmerzlichen Mangel empfinden.

Da die Natur nicht nur genügend, sondern in Fülle verschwenderisch und überreichlich produziert, erkennen wir, daß jeder Mangel oder jede Beschränkung nur eine Eingrenzung ist, die durch eine künstliche Methode der Verteilung geschaffen wurde. Alle werden vermutlich zustimmen, daß Liebe das Dritte ist, oder einige werden vielleicht sagen, sie sei für das Glück der Menschen das Allerwichtigste. Jedenfalls werden diejenigen, die alle drei besitzen - Gesundheit, Wohlstand und Liebe - nichts finden, was ihrem Kelch des Glücks noch hinzugefügt werden könnte.

Wir haben festgestellt, daß die universale Substanz „vollkommene Gesundheit", „vollkommene Substanz" und „vollkommene Liebe" ist, und daß der Verbindungsmechanismus, durch den wir uns bewußt mit dieser unendlichen Versorgungsquelle verbinden können, in unserer Art zu denken angelegt ist. Auf die richtige Weise zu denken heißt daher, am „geheimen Ort des Allerhöchsten" Einzug zu halten. Was sollen wir denken? Wenn wir das wissen, haben wir den richtigen Anbindungsmechanismus gefunden, der uns mit „allen Dingen, die wir uns wünschen" in Beziehung bringt. Dieser Mechanismus mag sehr einfach erscheinen, aber lies weiter. Du wirst sehen, daß er in Wahrheit der Universalschlüssel ist, Aladins Wunderlampe, wenn du so willst. Du wirst herausfinden, daß er das Fundament, die gebietende Voraussetzung, das absolute Gesetz des Wohlergehens ist.

Um richtig und genau zu denken, müssen wir die Wahrheit kennen. Wahrheit ist also das Prinzip, das allen geschäftlichen oder gesellschaftlichen Beziehungen zugrunde liegt. Sie ist eine Vorbedingung für jedes rechte Handeln. Die Wahrheit zu kennen, sich sicher zu sein, zuversichtlich zu sein, bietet eine Zufriedenheit, die mit nichts anderem zu vergleichen ist. Sie ist der einzig feste Boden in einer Welt des Zweifels, der Konflikte und der Gefahr. Die Wahrheit zu kennen, heißt, mit der unendlichen und allmächtigen Kraft in Einklang zu sein. Um dich selbst mit dieser Kraft zu verbinden, die unwiderstehlich ist und die jegliche Art von Disharmonie, Zweifel oder Irrtum hinwegfegen wird, mußt du also die Wahrheit kennen, weil die „Wahrheit mächtig ist und die Oberhand behalten wird".

Da alle Umstände durch Gedankenkräfte geschaffen werden und daher ganz und gar mentalen Ursprungs sind, beruhen Krankheit und Mangel einfach auf mentalen Zuständen, in denen der Mensch die Wahrheit nicht erkennt. Sobald der Irrtum beseitigt ist, ist auch der Zustand beseitigt. Der Weg, diesen Irrtum zu korrigieren, besteht darin, in die Stille zu gehen und die Wahrheit im Tempel im Innern zu erkennen. Da das individuelle Bewußtsein eins ist mit dem Universalen Bewußtsein, kannst du dies selbst tun. Wenn du es gelernt hast, die mentalen Bilder der erstrebten Umstände zu formen, wird dies die einfachste und schnellste Methode sein, Resultate zu erzielen. Wenn nicht, dann können diese Ergebnisse durch Argumentieren erzielt werden, einem Prozeß, bei dem du dich selbst vollkommen von der Wahrheit deiner Aussage überzeugst.

Der einfachste Intellekt kann dir ohne weiteres das Ergebnis jeder Tat vorhersagen, wenn er weiß, daß sie auf Wahrheit beruht, aber der mächtigste Intellekt, der tiefgründigste und schärfste Verstand verrennt sich hoffnungslos und kann sich keine Vorstellung von den Folgen machen, die sich ergeben können, wenn seine Hoffnungen auf einer Voraussetzung basieren, von der er weiß, daß sie falsch ist. Jede Handlung, die nicht in Harmonie mit der Wahrheit ist, sei es aus Unwissenheit oder vorsätzlich, wird in Disharmonie und letztendlichem Verlust enden, der in Art und Ausmaß im Verhältnis zur Handlung stehen wird. Wie also können wir die

Wahrheit erkennen, um uns an diesen Mechanismus anzuschließen, der uns mit dem Unendlichen verbindet?

Wir können hierbei keinen Fehler machen, wenn wir uns bewußt sind, daß Wahrheit das Lebensprinzip des Universalen Bewußtseins und allgegenwärtig ist. Nehmen wir an, du hast Gesundheit nötig. Wenn du dir der Tatsache bewußt bist, daß das „Ich" in dir - die Seele - spirituell ist und daß aller Spirit eins ist, daß, wo ein Teil ist, auch das Ganze sein muß, dann wird diese Erkenntnis einen Zustand der Gesundheit herbeiführen, denn jede Körperzelle muß die Wahrheit, wie du sie siehst, manifestieren.

Wenn du Krankheit siehst, dann werden die Zellen Krankheit manifestieren. Wenn du Perfektion siehst, dann müssen sie Perfektion manifestieren. Die Affirmation „Ich bin heil, vollkommen, stark, kraftvoll, liebevoll, harmonisch und glücklich" wird harmonische Umstände herbeiführen. Der Grund dafür ist, daß diese Affirmation exakt der Wahrheit entspricht, und wenn die Wahrheit erscheint, wird jede Form eines Irrtums oder Mißklangs notwendigerweise verschwinden. Du hast festgestellt, daß das „Ich" spirituell ist. Es kann also notwendigerweise niemals weniger als perfekt sein.

Die Affirmation „Ich bin heil, vollkommen, stark, kraftvoll, liebevoll, harmonisch und glücklich" ist daher eine genaue wissenschaftliche Aussage. Denken ist eine spirituelle Aktivität, und Spirit ist kreativ; wenn man an diesem Gedanken festhält, wird das Ergebnis also folgerichtig die Umstände schaffen müssen, die in Harmonie mit diesem Gedanken sind.

Wenn du Wohlstand benötigst, dann wird die Erkenntnis, daß das „Ich" in dir eins ist mit dem Universalen Bewußtsein, das alle Substanz umfaßt und allmächtig ist, dir helfen, das Gesetz der Anziehung in Bewegung zu setzen, das dich wiederum auf die Kräfte einschwingen wird, die zum Erfolg führen und zu Lebensumständen voll Kraft und Fülle, und zwar in direktem Verhältnis zur Art und zum Ziel deiner Affirmation.

Das Gesetz Gottes ist besonders stark spezialisiert, und diese Spezialisierung kann nur durch das Einbringen des individuellen Faktors erreicht werden. Damit besteht das rechte Verhältnis, daß das „Ich", das wahre Selbst, die Seele, ein unabhängiges Aktionszentrum mit der Entscheidungsfreiheit, positiv oder negativ zu handeln, alles wirkliche Leben erzeugt. Je weiter etwas Geschaffenes davon entfernt ist, ein grober Mechanismus zu sein, desto größer ist die Qualität der Schöpfung. Das Sonnensystem ist eine bedeutende mechanische Schöpfung, Gestalt geworden laut Gesetzen, die von einer Anzahl planetarischer Spirits festgelegt wurden, von denen es zum Leben erweckt wurde. Und es hält sich in Bewegung unter der Leitung dieser planetarischen Spirits, die es auf seinen Bahnen lenken und dabei die höchste Wirkungsweise der Kraft des Spirit einsetzen.

Visualisierung ist der Mechanismus, den du brauchst. Der Prozeß der Visualisierung unterscheidet sich stark vom Sehen. Sehen ist ein physischer Vorgang und bezieht sich darum auf die objektive Welt, die „Welt außen", aber Visualisierung ist das Ergebnis von Imagination und ist daher ein Ergebnis des subjektiven Verstandesbewußtseins, der „Welt innen". Sie ist also ein lebendiger Vorgang; sie wächst. Was man visualisiert, wird sich in einer Form manifestieren. Die Technik ist perfekt. Sie wurde durch den Meisterarchitekten geschaffen, der „alle Dinge gut macht". Leider ist der Benutzer manchmal unerfahren oder schlecht ausgebildet, jedoch werden Übung und Zielstrebigkeit diesen Mangel beheben.

Wenn du Liebe brauchst, versuche, dir bewußt zu machen, daß die einzige Weise, Liebe zu bekommen, darauf beruht, Liebe zu geben, und je mehr du gibst, desto mehr bekommst du; und die einzige Weise, sie zu geben, ist, dich damit anzufüllen, bis du ein Magnet für die Liebe wirst. Diese Methode wurde in einer anderen Lektion erklärt.

Wer gelernt hat, die größten spirituellen Wahrheiten auf die sogenannten geringeren Dinge des Lebens anzuwenden, ist der Lösung seiner Probleme auf die Spur gekommen. Man ist immer beflügelt und recht nachdenklich gestimmt bei der Berührung mit großen Ideen, großen Ereignissen, schöner Natur und großen Menschen. Von Lincoln wird gesagt, er habe alle inspiriert, die in seine Nähe kamen; es war wie das Gefühl des Erwachens, wenn man sich einem Berg nähert, und dieses Gefühl macht sich am stärksten bemerkbar, wenn einem aufgeht, daß man Dinge erkennt, die ewig sind und die Kraft der Wahrheit besitzen.

Manchmal inspiriert es einen zu hören, daß jemand diese Prinzipien tatsächlich einem Test unterworfen und sie in seinem eigenen Leben unter Beweis gestellt hat. Ein Mann schreibt:

„Lieber Freund,

in der Märzausgabe von Nautilus wirst du einen Artikel finden, den ich über meine Erfahrungen veröffentlicht habe, und es steht dir frei, nach Belieben Auszüge davon zu verwenden oder daraus zu zitieren.

Mit freundlichem Gruß

Frederick Elias Andrews

Ich war ungefähr 13 Jahre alt, als Dr. T. Marsee, der inzwischen verstorben ist, zu meiner Mutter sagte: Es gibt nicht die geringste Chance, Mrs. Andrews. Ich habe meinen kleinen Jungen auf die gleiche Weise verloren, nachdem ich alles Menschenmögliche für ihn getan hatte. Ich habe diese Fälle besonders untersucht, und ich weiß, daß es absolut keine Chance für ihn gibt, gesund zu werden.

Sie drehte sich zu ihm um und sagte: Herr Doktor, was würden Sie tun, wenn er Ihr Sohn wäre? Und er antwortete: Ich würde kämpfen, solange es noch einen Atemzug gibt, für den ich kämpfen könnte. Dies war der Anfang eines langwierigen Kampfes, mit vielen Höhen und Tiefen; alle Ärzte waren sich einig, daß es keine Chance für eine Heilung gäbe, obwohl sie uns ermutigten und aufmunterten, so gut sie konnten.

Aber letztendlich kam der Sieg, und aus einem kleinen, stark verkrüppelten Jungen, der auf allen Vieren ging, wurde ich zu einem kräftigen, geraden, wohlgebauten Mann. Ich weiß, jetzt möchten Sie das Rezept wissen, und ich werde es Ihnen so kurz und so schnell wie möglich geben. Ich stellte mir eine Affirmation zusammen, in die ich die Eigenschaften aufnahm, die ich am dringendsten brauchte, und sagte mir diese Affirmation immer und immer wieder vor. Ich bin heil, vollkommen, stark, kraftvoll, liebevoll, harmonisch und glücklich. Ich wiederholte diese Affirmation ständig, immer unverändert die gleiche, bis ich nachts aufwachen und sie sofort wiederholen konnte. Ich bin heil, vollkommen, stark, kraftvoll, liebevoll, harmonisch und glücklich. Es waren die letzten Worte vor dem Einschlafen und die ersten morgens beim Aufwachen.

Ich wiederholte diese Affirmation nicht nur für mich selbst, sondern auch für andere, von denen ich wußte, daß sie sie brauchten. *Diesen Punkt möchte ich besonders hervorheben. Alles, was du für dich selbst wünschst, bekräftige auch für andere, und es wird euch beiden helfen. Wir ernten, was wir säen. Wenn wir Gedanken der Liebe und Gesundheit aussenden, so kommen sie zu uns zurück, wie Brot, das ins Wasser geworfen wurde; aber wenn wir Gedanken der Angst, der Sorge, der Eifersucht, des Ärgers, des Hasses usw. aussenden, dann werden wir die Folgen in unserem eigenen Leben zu tragen haben.*

Es wurde behauptet, daß der Mensch sich alle sieben Jahre völlig erneuert, aber jetzt erklären einige Wissenschaftler, daß wir uns alle elf Monate vollständig erneuern, so daß wir eigentlich nur elf Monate alt sind. Wenn wir unsere Fehler jahrein, jahraus wieder in unseren Körper einbauen, so können wir niemand anderen dafür verantwortlich machen als uns selbst. Der Mensch ist ganz und gar die Summe seiner Gedanken, und die Frage ist also, wie erreichen wir es, uns nur mit guten Gedanken zu befassen und die bösen zurückzuweisen. Am Anfang können wir die bösen Gedanken nicht daran hindern zu kommen, aber wir können es unterbinden, sie zu nähren. Sie zu vergessen, ist die einzige Weise, wie sich das erreichen läßt, und das bedeutet, etwas anderes an ihre Stelle zu setzen. Das ist der Punkt, wo die gebrauchsfertige Affirmation zum Zuge kommt.

Wenn ein Gedanke der Angst, der Eifersucht, des Ärgers oder der Sorge sich einschleichen will, fange einfach mit der Affirmation an. Dunkelheit bekämpft man mit Licht - Kälte mit Hitze - Böses überwindet man durch Gutes. Mir selbst haben Verneinungen nie geholfen. Bekräftige das Gute, und das Schlechte wird verschwinden.

Frederick Andrews."

Wenn es irgend etwas gibt, das du brauchst, dann solltest du diese Affirmation benutzen. Sie läßt sich nicht mehr steigern. Nimm sie so, wie sie ist. Nimm sie mit in die Stille, bis sie in dein Unterbewußtsein eingesunken ist, so daß du sie überall benutzen kannst, auf der Straße, im Auto, im Büro und zu Hause. Dies ist der Vorteil spiritueller Methoden; sie sind immer verfügbar. Spirit ist allgegenwärtig, immer bereit. Man braucht nur seine Allmacht zu erkennen und die Bereitschaft oder den Wunsch zu haben, Empfänger dieser wohltuenden Auswirkungen zu werden.

Wenn unsere vorherrschende Bewußtseinshaltung sich durch Kraft, Mut, Freundlichkeit und Mitgefühl auszeichnet, dann werden wir feststellen, daß unsere Umgebung dies in Übereinstimmung mit unseren Gedanken spiegelt. Wenn sie schwach, kritiksüchtig, neidisch und abwertend ist, werden wir merken, daß unsere Umgebung auch dies in Übereinstimmung mit unseren Gedanken spiegelt.

Gedanken sind Ursachen, und Umstände sind Auswirkungen. Hierin liegt die Erklärung für den Ursprung von Gut und Böse. Der Gedanke ist kreativ und wird automatisch mit seinem Objekt in Wechselbeziehung treten. Das ist ein universales Gesetz, das Gesetz der Anziehung, das Gesetz von Ursache und Wirkung. Das Erkennen und die Anwendung dieses Gesetzes bestimmen beides, Anfang und Ende. Es ist dieses Gesetz, das zu allen Zeiten die Menschen dazu gebracht hat, an die Kraft des Gebetes zu glauben. *„Wie dein Glaube, so wird dir geschehen."*

Wenn ein Mensch sich selbst als getrennt von Spirit und vom Inneren Meister sieht, was offensichtlich unmöglich ist, da er in Gott lebt und in Ihm ruht, dann entfernt er sich von diesem geheimen Ort der Sicherheit und Harmonie und entzweit sich mit Ihm. Seine falschen Gedanken, Worte und Handlungen werden in der Atmosphäre um ihn herum aufgezeichnet. Diese Atmosphäre ist magnetisch, also zieht sie Gleiches an. Daher wird ein Mensch, wenn er eine chaotische Atmosphäre geschaffen hat, sich zu einer Stelle hingezogen fühlen, wo sich Chaos ereignet, d.h. Unfälle und Unheil. Das ist gemeint, wenn es heißt: *„Gib dich keiner Täuschung hin, Gott läßt seiner nicht spotten. Was ein Mensch sät, wird er ernten."* Das ist das Gesetz unseres Universums - Ursache und Wirkung.

Eine andere Übung ist, eine Pflanze zu visualisieren. Nimm eine Blume, eine, die dir am besten gefällt; bringe sie vom Unsichtbaren ins Sichtbare. Lege den winzigen Samen in den Boden, bewässere ihn, sorge für ihn, stelle den Topf an einen Ort, wo er die direkten Strahlen der Morgensonne bekommt. Schau zu, wie der Samen aufbricht; er ist jetzt ein Lebewesen, etwas Lebendiges, das sich auf die Suche nach seinem Lebensunterhalt macht. Sieh dir an, wie die Wurzeln die Erde durchdringen, beobachte, wie sie sich in alle Richtungen hin ausbreiten, und denke daran, daß sie alle lebende Zellen sind, die sich ständig teilen und unterteilen und bald Millionen zählen werden; daß jede Zelle intelligent ist, daß sie weiß, was sie will und wie sie es bekommt.

Beobachte, wie der Stiel herausdrängt und in die Höhe schießt, beobachte, wie er die Erdoberfläche durchbricht, wie er sich teilt und Zweige bildet. Schau dir an, wie perfekt und symmetrisch jeder Zweig geformt ist, wie die Blätter anfangen, sich zu bilden, und dann die winzigen Stengel, wie jeder eine Knospe trägt, und während du zusiehst, beginnt die Knospe sich zu entfalten, und deine Lieblingsblume wird sichtbar. Wenn du dich jetzt intensiv konzentrierst, wirst du einen Duft wahrnehmen; es ist der Duft dieser Blume, während eine sanfte Brise dieses wunderbare Geschöpf wiegt, das du soeben visualisiert hast.

Wenn du deine Vision klar und vollständig machen kannst, wirst du die Fähigkeit haben, in das Spirituelle einer Sache einzudringen. Sie wird echte Wirklichkeit für dich sein. Du wirst lernen, dich zu konzentrieren, und der Ablauf ist der gleiche, ob du dich nun auf Gesundheit, eine Lieblingsblume, ein Ideal wie die Gott-Bewußtheit, ein schwieriges geschäftliches Vorhaben oder irgendein anderes Lebensproblem konzentrierst. Jeder Erfolg wurde durch intensive Konzentration auf das Objekt im Blickfeld erreicht.

Kapitel 10

Fülle

*Wie sollen wir im Einklang mit diesem Gesetz
arbeiten, wenn wir nicht wissen, wie das Gesetz
lautet? Woher sollen wir wissen, was das für ein
Gesetz ist? Durch Lernen, durch Beobachten.
Überall sehen wir dieses Gesetz in Aktion.*

Überfluß ist ein Naturgesetz des Universums. Die Anzeichen für dieses Gesetz sind überzeugend; wir sehen sie, wohin wir auch schauen. Überall ist die Natur freigebig, üppig und verschwenderisch. Nirgends in der Schöpfung beobachtet man Wirtschaftlichkeit. Überall manifestiert sich Überfluß. Die Millionen und aber Millionen von Bäumen, Blumen, Pflanzen und Tieren und der riesige Fortpflanzungsplan, wonach der Prozeß der Erschaffung und Wiedererschaffung ständig im Gang ist; all das zeigt die Verschwendung, mit der die Natur für den Menschen Vorsorge getroffen hat. Daß es Überfluß für jeden gibt, ist offensichtlich, daß es aber ebenso vielen nicht gelingt, an diesem Überfluß teilzuhaben, ist auch offensichtlich. Ihnen ist das Allumfassende aller Materie noch nicht bewußt geworden und auch nicht die Tatsache, daß das Verstandesbewußtsein das aktive Prinzip ist, durch das wir mit den Dingen in Beziehung stehen, die wir uns wünschen.

Aller Wohlstand ist ein Abkömmling von Kraft. Besitztümer sind nur von Wert, solange sie Kraft übertragen. Ereignisse sind nur dann von Bedeutung, wenn sie Kraft bewirken. Alle Dinge stehen für bestimmte Arten und Abstufungen von

Kraft. Das Wissen über Ursache und Wirkung, wie sie in den Gesetzen von Elektrizität, chemischer Affinität und Gravitation in Erscheinung treten, versetzt den Menschen in die Lage, mutig zu planen und die Pläne furchtlos durchzuführen. Diese Gesetze werden Naturgesetze genannt, da sie die physische Welt regieren, aber nicht alle Kraft ist physischer Natur. Es gibt auch sittliche und spirituelle Kraft.

Gott offenbart sich niemals einem unreinen Bewußtsein. Nur wenn der Druck des Lebens den Menschen an den Rand der Erschöpfung gebracht hat, wenn der geschundene Körper, der gedemütigte Verstand oder das müde Selbst nach dem Meister schreien, wird das wahre Licht in sein Leben treten. Es geschieht fern vom Beifall der Menge, der Bühne des Lebens und fern von lauten Huldigungsrufen, daß der Mensch sich mit der Möglichkeit der Existenz Gottes konfrontiert sieht. Nur in der Stille kann er die spirituellen Übungen ausführen und die himmlischen Welten finden. Dies ist das fundamentale und absolute Gesetz, die wesentliche Botschaft der Lehren. Niemand kann es auf irgendeine andere Weise finden.

Spirituelle Kraft steht höher, da sie auf einer höheren Ebene angesiedelt ist. Sie hat den Menschen befähigt, das Gesetz zu entdecken, durch dessen Anwendung die wunderbaren Naturkräfte nutzbar gemacht und dazu gebracht werden konnten, die Arbeit von Hunderten und Tausenden von Menschen zu verrichten. Sie hat den Menschen dazu berechtigt, die Gesetze zu entdecken, durch die Zeit und Raum aufgehoben werden, und jetzt muß offensichtlich das Gesetz der Gravitation überwunden werden.

Die Wirkungsweise dieses Gesetzes hängt von spirituellem Kontakt ab, wie Henry Drummond so schön sagte: „*In* der physischen Welt, wie wir sie kennen, gibt es das Organische und das Anorganische. Die anorganische oder Mineralwelt ist vollkommen getrennt von der Pflanzenwelt oder der Tierwelt; der Übergang ist hermetisch abgeriegelt. Diese Barrieren wurden bis jetzt nie überschritten. Keine Veränderung der Materie, keine Modifizierung der Umgebung, keine Chemie, keine Elektrizität, keine Form von Energie, keine Evolution irgendeiner Art kann jemals ein einziges Atom der Mineralwelt mit dem Attribut Leben ausstatten.

Nur dadurch, daß eine lebende Form sich in diese toten Atome hinunterbegibt, können diese mit den Eigenschaften der Lebenskraft ausgestattet werden; ohne diesen Kontakt mit dem Leben bleiben sie für immer fest im anorganischen Bereich verankert. Huxley sagt, daß die Doktrin der Biogenese oder Leben nur durch das Leben auf der ganzen Linie siegreich sei, und Tyndall fühlt sich genötigt zu sagen: Ich bestätige, es gibt keine Spur eines ernstzunehmenden Beweises, daß das Leben in unseren Tagen jemals unabhängig von vorangegangenem Leben aufgetreten wäre.

Physikalische Gesetze mögen das Anorganische erklären; die Biologie erklärt und belegt die Entwicklung des Organischen, aber über den Berührungspunkt schweigt die Wissenschaft sich aus. Ein ähnlicher Übergang besteht zwischen der irdischen und der spirituellen Welt; dieser Übergang ist auf der Seite des Irdischen hermetisch versiegelt. Die Tür ist verschlossen; kein Mensch kann sie öffnen; keine organische Umwandlung, keine geistige Energie, kein moralisches Bemühen, kein Fortschritt irgendwelcher Art kann ein menschliches Wesen befähigen, in die spirituelle Welt einzutreten."

So wie eine Pflanze sich nach unten in das Mineralreich ausdehnt, die Minerale mit dem Mysterium des Lebens in

Berührung bringt und sie in lebende Gestalt umwandelt, reicht das Universale Bewußtsein hinunter in das menschliche Bewußtsein und stattet es mit seinen neuen, seltsamen, wunderbaren und geradezu unfaßbaren Eigenschaften aus. Alles was Männer oder Frauen je in der Welt der Industrie, des Geschäftslebens oder der Kunst erreicht haben, kam durch diesen Prozeß zustande.

Der Gedanke ist das Bindeglied zwischen dem Unendlichen und dem Endlichen, zwischen dem Universalen und dem Individuellen. Wir haben gesehen, daß es eine unüberwindbare Barriere zwischen dem Organischen und Anorganischen gibt und daß die einzige Weise, wie Materie sich entfalten kann, darin besteht, mit Leben durchdrungen zu werden. So wie ein Same sich ins Mineralreich senkt und sich zu entfalten und nach oben zu drängen beginnt, fängt unbelebte Materie an zu leben. Tausend unsichtbare Finger beginnen eine geeignete Umgebung für den Neuankömmling zu weben, und sobald das Gesetz des Wachstums zu wirken beginnt, sehen wir den Verlauf dieses Vorgangs, bis zum Schluß die Lilie erscheint; und „selbst Salomon in all seiner Herrlichkeit war nicht gekleidet wie eine von ihnen."

Geradeso fällt ein Gedanke in die unsichtbare Substanz des Universalen Bewußtseins, in den Stoff, aus dem alle Dinge geschaffen werden, und während er Wurzeln schlägt, beginnt das Gesetz des Wachstums zu wirken, und wir sehen, daß Bedingungen und Umgebung nur die objektive Form unserer Gedanken sind. Das Gesetz besagt, daß der Gedanke eine aktive, vitale Form dynamischer Energie ist, die die Fähigkeit hat, sich mit dem Objekt in Übereinstimmung zu bringen und es aus der unsichtbaren Substanz, aus der alle Dinge erschaffen werden, in die sichtbare oder objektive Welt zu bringen. Dies ist das Gesetz, aufgrund dessen und mit dessen Hilfe alle Dinge sich manifestieren. Es ist der Universalschlüssel, mit dem man Zugang zu dem Geheimen Ort des Allerhöchsten bekommt und *„die Herrschaft über alle Dinge erlangt."* Hat man dieses Gesetz einmal verstanden, dann kann man *„eine Sache in die Wege leiten, und sie wird sich für einen verwirklichen".*

Es könnte nicht anders sein. Wenn die Seele des Universums, wie wir es kennen, der Universale Spirit ist, dann ist dieses Universum einfach die Umgebung, die der Universale Spirit für sich selbst geschaffen hat. Wir sind einfach individualisierter Spirit und schaffen die Bedingungen für unser Wachstum auf genau die gleiche Weise. Bei dieser kreativen Kraft kommt es darauf an, daß wir die potentielle Kraft des Spirit oder des Bewußtseins erkennen, und wir dürfen sie nicht mit Evolution verwechseln. Erschaffen bedeutet, etwas ins Leben zu rufen, das es in der objektiven Welt nicht gibt. Evolution dagegen ist einfach die Entfaltung der Entwicklungsmöglichkeiten in Dingen, die bereits vorhanden sind.

Indem wir uns diese wunderbaren Möglichkeiten zunutze machen, die uns durch die Arbeitsweise dieses Gesetzes eröffnet werden, müssen wir auch daran denken, daß wir selbst nichts zur Wirksamkeit dieses Gesetzes beitragen, wie einer der großen Lehrer sagt: *„Ich bin es nicht, der die Arbeit tut, sondern der Vater in mir ist es; er tut die Werke."* Wir müssen genau diese Einstellung haben; wir können nichts zur Manifestation beitragen. Wir befolgen nur das Gesetz, und das Bewußtsein, in dem alles seinen Ursprung hat, wird die Resultate bewirken.

Es gibt ein Gesetz, wenn man es ein Gesetz nennen will - ich nenne es einen Aspekt Gottes, der sich selbst umkehrt - das Gesetz von der Umkehrung der Bemühung. Je intensiver der Mensch sich bemüht, etwas durch bewußten Einsatz der

Willenskraft zu erreichen, desto weniger wird es ihm wahrscheinlich gelingen. Tüchtigkeit und das Resultat dieser Tüchtigkeit erlangen nur die, welche die paradoxe Kunst beherrschen, gleichzeitig zu tun und nicht zu tun, Entspannung und Aktivität zu kombinieren, als Mensch loszulassen, damit Gott übernehmen kann.

Der große Irrtum unserer Tage ist die Vorstellung, daß der Mensch die Intelligenz erzeugen müsse, kraft derer das Unendliche verfahren könne, um einen bestimmten Zweck, ein bestimmtes Ziel zu erreichen. Nichts Derartiges ist notwendig. Man kann sich darauf verlassen, daß das Universale Bewußtsein die Mittel und Wege findet, jede notwendige Manifestation hervorzubringen. Wir müssen jedoch die Idealvorstellung erschaffen, und diese Vorstellung sollte vollkommen sein.

Wir wissen, die Gesetze der Elektrizität wurden auf solch eine Formel gebracht, daß diese unsichtbare Kraft beherrscht und zu unserem Wohl und zu unserer Bequemlichkeit auf tausenderlei Weise nutzbar gemacht werden kann. Wir wissen, daß Botschaften rund um die Welt geschickt werden, daß schwerfällige Maschinen der Elektrizität gehorchen, daß sie jetzt praktisch die ganze Welt beleuchtet; aber wir wissen auch, daß, wenn wir bewußt oder aus Unwissenheit ihr Gesetz verletzen und einen elektrischen Draht berühren, der nicht genügend isoliert ist, das Resultat unerfreulich oder sogar verhängnisvoll sein wird. Mangelnde Kenntnis der Gesetze, die die unsichtbare Welt regieren, zeigt das gleiche Ergebnis, und viele leiden ständig unter den Konsequenzen.

Es wurde erläutert, daß das Gesetz der Verursachung auf Polarität beruht; man muß einen Kreislauf herstellen. Dieser Kreislauf kann nur hergestellt werden, wenn wir in Harmonie mit dem Gesetz handeln. Wie sollen wir in Harmonie mit diesem Gesetz handeln, wenn wir nicht wissen, wie das Gesetz lautet? Wie sollen wir wissen, was dieses Gesetz besagt? Durch Studieren, durch Beobachten. Wir sehen die Wirkungsweise dieses Gesetzes überall. Die gesamte Natur legt Zeugnis von seinem Wirken ab, indem sie sich in aller Stille und Beständigkeit durch das Gesetz des Wachstums zum Ausdruck bringt. Wo es Leben gibt, muß Harmonie herrschen, so daß alles, was lebt, ständig Bedingungen und Materialien an sich zieht, die für eine vollendete Ausdrucksform notwendig sind.

Wenn deine Gedanken mit dem schöpferischen Prinzip der Natur harmonieren, sind sie im Einklang mit dem unendlichen Bewußtsein, und es wird den Kreislauf herstellen. Die Gedanken werden nicht unverrichteter Dinge zu dir zurückkehren, aber es ist möglich, daß du Gedanken hegst, die nicht im Einklang mit dem Unendlichen sind. Dann gibt es keine Polarität, der Kreislauf ist nicht hergestellt. Was ist dann das Ergebnis? Was ist das Ergebnis, wenn ein Dynamo Elektrizität erzeugt, der Schaltkreis unterbrochen ist und es keinen Anschluß gibt? Der Dynamo stoppt.

Genauso wird es auch dir ergehen, wenn du Gedanken hegst, die nicht in Übereinstimmung mit dem Unendlichen sind und daher nicht polarisiert werden können. Es gibt keinen Kreislauf; du bist isoliert, die Gedanken kleben an dir, verfolgen dich, ängstigen dich und bringen dir schließlich Krankheit und möglicherweise den Tod. Der Arzt diagnostiziert den Fall vielleicht nicht in genau dieser Weise. Er gibt der Krankheit vielleicht irgendeinen der phantasievollen Namen, die für verschiedenartige Krankheiten geschaffen wurden, die das Ergebnis falschen Denkens sind, aber die Ursache ist nichtsdestoweniger die gleiche.

Konstruktive Gedanken müssen notwendigerweise kreativ sein, kreative Gedanken aber müssen harmonisch sein, und das schaltet alle destruktiven Gedanken und jegliches Konkurrenzdenken aus. Die Seele wurde in die Lage versetzt, Erfahrungen aus eigener Initiative zu sammeln. Das bedeutet, daß sie ihre eigenen Gesetze und ihr eigenes Schicksal schaffen muß. Sie beginnt, die Ergebnisse ihres Karmas zu ernten und ihre Schulden abzuleisten. So beginnt sie eine lange Kette von Leben in der Materie, um letztendlich wieder zu Gott zurückzukehren.

Bei allen Handlungen des Menschen ist sein Bewußtsein das Instrument, durch das er sich Karma schafft, obwohl es so aussehen mag, als sei er überhaupt nicht aktiv. Dieses Bewußtsein ist es, das ständig am Werke ist, auch unter dem Gesetz von Ursache und Wirkung, dem Gesetz, das ständig Karma für uns schafft, auf welcher Ebene wir auch sein mögen, ausgenommen in den höheren Welten. Weisheit, Stärke, Mut und alle harmonischen Umstände sind das Ergebnis von Kraft, und wir haben gesehen, daß alle Kraft von innen kommt. Ebenso sind jeder Mangel, jede Begrenzung und jeder widrige Umstand das Resultat von Schwäche, und Schwäche ist einfach die Abwesenheit von Kraft. Schwäche kommt nirgendwo her, sie ist nichts. Somit ist das Heilmittel einfach, Kraft zu entwickeln, und dies geschieht auf die gleiche Weise wie bei jeder Art von Kraft - durch Übung.

Diese Übung besteht darin, dein Wissen anzuwenden. Wissen wendet sich nicht selbst an. Du mußt es anwenden. Überfluß kommt nicht vom Himmel auf dich herab, noch fällt er dir in den Schoß; wenn du dir aber über das Gesetz der Anziehung im klaren bist und die Absicht hast, es zu einem bestimmten, gut definierten und speziellen Zweck in Bewegung zu setzen, und den Willen hast, dieses Ziel zu verwirk-

94

lichen, wird das die Verwirklichung deines Wunsches durch das natürliche Gesetz der Übertragung herbeiführen. Wenn du im Geschäftsbereich tätig bist, wird die Verwirklichung im normalen Rahmen wachsen und sich entwickeln. Möglicherweise werden sich neue oder ungewöhnliche Absatzmärkte öffnen, und wenn das Gesetz voll wirksam wird, wirst du feststellen, daß die Dinge, die du suchst, jetzt dich suchen.

Suche dir einen freien Platz an der Wand oder an einer anderen passenden Stelle, wo du normalerweise sitzt. Ziehe vor deinem geistigen Auge eine schwarze, horizontale Linie von ca 12 cm; versuche, die Linie so deutlich zu sehen, als sei sie auf die Wand gezeichnet. Nun ziehe mental zwei vertikale Linien, die an jedem Ende mit der horizontalen Linie verbunden sind. Nun verbinde die vertikalen Linien mit einer weiteren horizontalen Linie, und du hast ein Quadrat.

Versuche dieses Quadrat perfekt zu sehen. Wenn du das kannst, zeichne einen Kreis in das Quadrat hinein. Mache einen Punkt in die Mitte des Kreises. Ziehe den Punkt etwa 25 cm auf dich zu. Du hast einen Kegel auf einer quadratischen Basis. Du wirst dich erinnern, daß die Linien schwarz waren. Ändere sie zu weiß, rot, gelb. Wenn du das kannst, machst du ausgezeichnete Fortschritte und wirst bald in der Lage sein, dich auf jedes Problem zu konzentrieren, das du im Sinn hast.

„Wenn man irgendein Objekt klar in Gedanken festhält, wird seine Verwirklichung in greifbare und sichtbare Form nur eine Frage der Zeit sein. Die Vision geht immer der Verwirklichung voraus und bestimmt sie."

Lillian Whiting

Kapitel 11

Induktives Denken

Wir stehen an der Schwelle eines neuen Zeitalters.
Die Zeit ist gekommen, wo der Mensch Einblicke in
die Geheimnisse der Meisterschaft gewonnen hat, und
der Weg wird schon gebahnt für eine neue Gesell-
schaftsordnung, die wunderbarer sein wird, als man
sie sich je zuvor erträumt hatte.

Induktives Denken ist der Vorgang, bei dem wir den objektiven Verstand einsetzen, um eine Anzahl einzelner Momente miteinander zu vergleichen, bis wir den gemeinsamen
Faktor sehen, der sie alle verursacht. Folgerichtigkeit verfährt
nach dem Vergleich von Fakten. Diese Methode, die Natur
zu studieren, hat zur Entdeckung einer Herrschaft von Gesetzen geführt, die eine ganze Epoche menschlichen Fortschritts
geprägt haben.

Sie ist die Trennlinie zwischen Aberglauben und Intelligenz; sie hat die Elemente der Unsicherheit und des Zufalls
im menschlichen Leben ausgeräumt und sie durch Gesetze,
Vernunft und Gewißheit ersetzt. Dieses Prinzip ist der
„Wächter am Tor", der in einer früheren Lektion erwähnt
wurde.

Aufgrund dieses Prinzips wurde die Welt, an welche die
Sinne gewöhnt waren, revolutioniert; die Sonne wurde in
ihrem Lauf festgehalten, und die scheinbar flache Erde wurde
in eine Kugel verwandelt, die sich um sie drehte. Träge Masse
wurde in aktive Elemente aufgelöst, und das Universum zeig-

te sich voller Kraft, Bewegung und Leben, wohin auch immer wir unsere Teleskope und Mikroskope richteten. Wenn wir all dies sehen, dann fragen wir, wie ist es nur möglich, diese feinen Formen von Organisationsstrukturen inmitten des Universums aufrecht und in Ordnung zu halten?

Gleiche Pole und gleiche Kräfte stoßen einander ab oder sind füreinander unempfänglich, und dies scheint im allgemeinen auszureichen, um Sternen, Menschen und Kräften einen passenden Platz in passender Entfernung zuzuweisen. Wenn Menschen mit unterschiedlichen Eigenschaften eine Partnerschaft eingehen, so ziehen sich ungleiche Pole an. Elemente, die keine gemeinsamen Eigenschaften besitzen, wie z.B. Säuren oder Gase, haben eine Affinität zueinander, und es findet ein allgemeiner Austausch zwischen Überschuß und Bedarf statt.

Genauso wie das Auge in den Komplementärfarben Befriedigung sucht und auch findet, lösen Bedürfnisse, Notwendigkeit und Verlangen im weitesten Sinne Handlungen aus und leiten und bestimmen sie. Es ist unser Vorrecht, uns des Prinzips bewußt zu werden und entsprechend zu handeln. Cuvier sieht einen Zahn, der zu einer ausgestorbenen Tiergattung gehört. Dieser Zahn benötigt einen Körper, um seine Funktion auszuführen, und er bestimmt den speziellen Körper, den er braucht, mit solcher Präzision, daß Cuvier in etwa den Körperbau dieses Tieres rekonstruieren kann. In der Umlaufbahn des Uranus werden Abweichungen beobachtet. Adams und Leverrier benötigen an einer bestimmten Stelle einen anderen Stern, um die Ordnung im Sonnensystem wieder herzustellen, und Neptun erscheint am zuvor bestimmten Ort und zur angegebenen Stunde.

Die instinktiven Bedürfnisse des Tieres und die intellektuellen Bedürfnisse von Cuvier, die Bedürfnisse der Natur und des Verstandes von Leverrier und Adams ähnelten einander und somit auch die Ergebnisse. Im einen Fall handelt es sich um Gedanken über eine Existenz und im anderen um eine Existenz selbst. Ein gut definierter und legitimer Bedarf liefert daher den Grund für komplexere Abläufe in der Natur.

Wenn wir die Antworten, die uns die Natur gegeben hat, sorgfältig aufgezeichnet und unsere Sinne mit Hilfe sich entwickelnder Wissenschaften über das Augenscheinliche hinaus ausgedehnt haben, und wenn wir den Hebeln, die die Erde in Bewegung halten, die Hand gereicht haben, werden wir uns eines so engen, vielfältigen und tiefen Kontaktes mit der äußeren Welt bewußt, daß sich unsere Bedürfnisse und Zielsetzungen nicht weniger mit den harmonischen Abläufen dieser allumfassenden Organisation identifizieren, als das Leben, die Freiheit und das Glück der Bürger mit der Existenz ihrer Regierung identifiziert sind.

Wie die Interessen des einzelnen durch die Streitkräfte des Landes geschützt werden, die zu seiner eigenen Kraft hinzukommen, mögen seine Bedürfnisse von der Versorgungsmöglichkeit abhängen, je mehr sie als universal und konstant empfunden werden. Die bewußte Zugehörigkeit zum Herrschaftsbereich der Natur schützt uns auf die gleiche Weise vor Störungen durch untergeordnete Kräfte, dadurch daß wir uns mit höheren Kräften verbünden. Durch Berufung auf fundamentale Gesetze des Widerstandes oder durch Anstöße, die wir mechanischen oder chemischen Mitteln geben, wird die Arbeit, die von ihnen und dem Menschen getan werden muß, zum größten Nutzen des Erfinders und des Benutzers aufgeteilt.

Wenn Plato die Sonnentätigkeit mit Hilfe eines Fotografen hätte studieren können, oder durch hundert ähnliche Beispiele dessen, was der Mensch durch Induktion tut, wäre er vielleicht an die intellektuelle Geburtshilfe seines Meisters erinnert worden. In seinem eigenen Bewußtsein wäre möglicherweise eine Vision von einem Land aufgestiegen, wo alle sich ständig wiederholenden manuellen und mechanischen Arbeiten den Naturkräften zugewiesen werden und unsere Bedürfnisse durch rein mentale Vorgänge befriedigt werden, die der Wille in Bewegung setzt, und wo die Bereitstellung sich durch den Bedarf gestaltet.

Wie fern dieses Land auch erscheinen mag, die Induktion hat den Menschen gelehrt, mit Riesenschritten darauf zuzugehen, und hat ihn mit Wohltaten umgeben, die gleichzeitig Belohnung für die Treue und Hingabe in vergangener Zeit sind, wie auch Anreize für beständigere Hingabe.

Induktion ist auch eine Hilfe, unsere Fähigkeiten für den noch vor uns liegenden Teil zu konzentrieren und zu stärken, und sie gibt uns unfehlbare Lösungen für individuelle und universale Probleme durch das Wirken des Geistes in reinster Form.

Hier finden wir eine Methode, und um unser Ziel zu erreichen, müssen wir glauben, daß das, was wir suchen, bereits erreicht ist. Diese Methode wurde uns von dem gleichen Plato hinterlassen, der außerhalb seiner Sphäre nie herausfinden konnte, wie Ideen Wirklichkeit werden.

Dieses Konzept wurde auch durch Swedenborg in seiner Doktrin der Entsprechung erarbeitet. Ein noch größerer Lehrer hat gesagt: *„Welche Dinge du dir auch wünschst, wenn du betest, glaube, daß du sie bekommst, und du wirst sie* *haben."* (Markus XI, 24). Die unterschiedlichen Zeitformen in dieser Textstelle sind bemerkenswert.

Wir müssen zuerst glauben, daß unser Wunsch sich bereits erfüllt hat. Seine Verwirklichung wird dann folgen. Dies ist eine präzise Anweisung, von dieser kreativen Gedankenkraft Gebrauch zu machen, indem wir unseren speziellen Wunsch dem universalen subjektiven Bewußtsein als eine bereits erfüllte Tatsache einprägen. Damit denken wir auf der Ebene des Absoluten und löschen alle Überlegungen über Bedingungen oder Begrenzungen aus. Wir säen einen Samen, der, wenn er ungestört bleibt, schließlich Frucht bringen wird.

Zusammenfassend sei gesagt: Induktion ist der Prozeß des sachlichen Verstandes, bei dem wir eine Anzahl einzelner Momente miteinander vergleichen, bis wir den gemeinsamen Faktor sehen, der alles auslöst. Wir sehen Menschen in jedem zivilisierten Land auf unserem Globus, die durch irgendeinen Prozeß Ergebnisse erzielen, den sie selbst nicht zu verstehen scheinen und den sie mehr oder weniger mit einem Geheimnis umgeben. Unsere Vernunft wurde uns zu dem Zweck gegeben, daß wir das Gesetz ermitteln, durch das diese Ergebnisse erreicht werden.

Die Wirkungsweise dieses Gedankenprozesses beobachtet man bei den glücklichen Naturen, die alles besitzen, was andere durch harte Arbeit erreichen müssen, die nie mit ihrem Gewissen kämpfen, da sie immer korrekt handeln und sich niemals anders als taktvoll verhalten. Sie lernen alles sehr leicht, beenden alles, was sie beginnen, mit glücklicher Hand, leben in ständiger Harmonie mit sich selbst, ohne je darüber nachzudenken, was sie tun, oder jemals Schwierigkeiten oder harte Arbeit zu erleben.

Die Frucht dieses Denkens ist sozusagen ein Geschenk der Götter, aber sie ist ein Geschenk, das bisher nur wenige erkennen, zu schätzen wissen oder verstehen. Diese wunderbare Fähigkeit zu erkennen, über die der Verstand unter angemessenen Bedingungen verfügt, und die Tatsache, daß diese Fähigkeiten genutzt, dirigiert und zur Lösung jedes menschlichen Problems eingesetzt werden können, ist von außerordentlicher Bedeutung.

Alle Wahrheit ist die gleiche, ob sie nun mit modernen Begriffen der Wissenschaft oder in der Sprache aus der Zeit der Apostel formuliert wird. Es gibt furchtsame Seelen, die nicht erkennen, daß gerade die Vollständigkeit der Wahrheit verschiedenartige Aussagen erfordert und daß nicht eine einzige menschliche Formel sie von jeder Seite zeigen kann.

Wandel, Betonung, neue Sprache, neuartige Interpretationen, unbekannte Perspektiven sind nicht, wie manche meinen, Anzeichen für die Abkehr von der Wahrheit. Im Gegenteil, sie sind ein Zeichen dafür, daß die Wahrheit in neuen Beziehungen zu menschlichen Bedürfnissen verstanden wird und auf dem Wege ist, von der Allgemeinheit verstanden zu werden.

Die Wahrheit muß jeder Generation und jedem Volk in einer neuen und unterschiedlichen Form wiedergegeben werden: Wenn z.B. einer der großen Lehrer sagte: *„Glaube, daß du bekommen wirst, und du wirst es bekommen";* wenn Paul sagte: *„Glaube ist die Substanz der Dinge, die wir uns erhoffen, der Beweis für Dinge, die wir nicht sehen";* oder wenn die moderne Wissenschaft es so ausdrückt: *„Das Gesetz der Anziehung ist das Gesetz, aufgrund dessen sich der Gedanke mit seinem Zielobjekt verbindet",* stellt man fest, daß jede Aussage, wenn man sie einer Analyse unterzieht, genau die gleiche Wahrheit enthält; der einzige Unterschied besteht in der Art der Darstellung.

Wir stehen an der Schwelle eines neuen Zeitalters. Die Zeit ist gekommen, wo der Mensch Einblicke in die Geheimnisse der Meisterschaft gewonnen hat, und der Weg wird schon gebahnt für eine neue Gesellschaftsordnung, die wunderbarer sein wird, als man sich je zuvor erträumt hatte. Der Konflikt zwischen der modernen Wissenschaft und der Theologie, das vergleichende Studium der Religionen, die ungeheure Kraft der neuen Bewegungen in der Gesellschaft, all diese Dinge bahnen nur den Weg für die neue Ordnung. Wenn auch die traditionellen Formen veraltet und machtlos geworden sind, so geht doch nichts verloren, das einen Wert hat.

Ein neuer Glaube ist geboren worden, ein Glaube, der nach einer neuen Form des Ausdrucks verlangt. Dieser Glaube nimmt Gestalt an in einer tiefen Bewußtheit der Kraft, die sich in der gegenwärtigen spirituellen Aktivität, die man überall sieht, manifestiert. Spirit, der im Mineral schläft, in der Pflanze atmet, sich im Tier regt und seine höchste Entwicklung im Menschen erlebt, ist das Universale Bewußtsein. Es ist unsere Pflicht, den Graben zwischen Sein und Tun zu überbrücken, zwischen Theorie und Praxis, indem wir nachweisen, daß wir die Herrschaft verstehen, die uns gegeben wurde.

Die bei weitem größte Entdeckung aller Zeiten ist die der Gedankenkraft. Die Bedeutsamkeit dieser Entdeckung erreichte nur langsam das allgemeine Bewußtsein, aber sie ist angekommen, und auf jedem Gebiet der Forschung wird die Bedeutung dieser größten aller großen Entdeckungen bereits anschaulich gemacht.

Du fragst, worin die kreative Kraft des Denkens besteht. Sie besteht im Kreieren von Ideen, und diese nehmen wiederum Gestalt an durch Vergegenständlichung, Erfinden, Beobachten, Erkennen, Entdecken, Analysieren, Regieren, Lenken, Verbindung und Anwendung von Materie und Kraft. Das kann sie, weil sie eine intelligente, kreative Kraft ist.

Das Denken erreicht seine höchste Aktivität, wenn es in die Tiefe seines eigenen Mysteriums taucht; wenn es durch die engen Grenzen des Selbst bricht und wenn es sich von der Wahrheit in die Regionen des ewigen Lichts bewegt, wo alles, was war oder jemals sein wird, zu einer einzigen großen Harmonie verschmilzt. Aus diesem Prozeß der Selbstbetrachtung erwächst Inspiration, die kreative Intelligenz ist. Sie ist unbestreitbar jedem Element, jeder Kraft, jedem Naturgesetz überlegen, da sie jene verstehen, verändern, beherrschen und sie ihren eigenen Endzielen anpassen und daher über sie verfügen kann.

Alle Menschen streben nach Erlösung. Aber die Erlösung, von der ich spreche, ist anders geartet als die den Menschen bekannte. Die Erlösung des Travelers, des Inneren Meisters, bedeutet die Befreiung vom Rad der Vierundachtzig, von allen Leiden des irdischen Lebens, und sie beinhaltet die Fähigkeit, sich innerhalb des kosmischen Weltgefüges nach Belieben zu bewegen.

Weisheit beginnt mit dem Erwachen der Vernunft, und Vernunft bedeutet nur, daß uns das Wissen und die Prinzipien vertraut sind, mit deren Hilfe wir die wahre Bedeutung der Dinge erkennen. Weisheit ist also die höhere Vernunft, und diese Weisheit führt zu Demut, denn Demut macht einen großen Teil der Weisheit aus.

Wir alle kennen viele Menschen, die das scheinbar Unmögliche erreicht haben, die lebenslange Träume verwirklicht haben, die alles veränderten, einschließlich ihrer selbst. Wir haben manchmal gestaunt über die Bekundung einer offenbar unverwüstlichen Kraft, die immer gerade dann verfügbar schien, wenn sie am nötigsten gebraucht wurde, aber jetzt ist das alles klar. Gewisse Grundprinzipien zu verstehen und ihre richtige Anwendung zu kennen, ist das einzige, was erforderlich ist.

Bei dieser Übung konzentriere dich auf ein Wort aus der Bibel: *„Was auch immer du wünschst, wenn du betest, glaube, daß du es bekommst, und du wirst es bekommen."* Beachte, daß es keine Einschränkung gibt. „Was auch immer" ist ganz eindeutig und beinhaltet, daß die einzige Begrenzung, die uns auferlegt ist, in unserer Fähigkeit besteht, zu denken, daß wir uns der Situation entsprechend verhalten, der Krise gewachsen sind und uns erinnern, daß Vertrauen nicht nur ein Schatten ist, sondern eine Substanz - *„Die Substanz der Dinge, auf die wir hoffen, der Beweis für die Dinge, die wir nicht sehen"*.

Kapitel 12

Die Naturgesetze

Das Gesetz der Liebe ist unausweichlich. Gefühl
verleiht den Gedanken Lebenskraft. Gefühl ist
Verlangen, und Verlangen ist Liebe. Gedanken, die
von Liebe durchtränkt sind, werden unbesiegbar.

Es gibt kein Ziel im Leben, das sich nicht am besten
dadurch erreichen ließe, daß man die kreative Kraft des Denkens vom wissenschaftlichen Standpunkt aus versteht. Die
Denkfähigkeit ist allen gemeinsam. Der Mensch ist, weil er
denkt. Die Denkfähigkeit des Menschen ist unendlich, folglich ist seine schöpferische Fähigkeit unbegrenzt.

Wir wissen, daß Gedanken für uns die Dinge aufbauen,
an die wir denken, und sie uns wirklich näherbringen; wir
haben jedoch unsere Schwierigkeit damit, die Angst, die Sorge und Mutlosigkeit zu verbannen, die alle sehr wirksame
Gedankenkräfte sind, die ständig die Dinge, die wir uns wünschen, weiter forttreiben, so daß man oft einen Schritt vorwärts und zwei zurück macht.

Die einzige Weise, Rückschritte zu vermeiden, besteht
darin, beständig vorwärtszugehen. Immerwährende Wach-
samkeit ist der Preis für den Erfolg. Es gibt drei Stufen, und
jede ist absolut notwendig. Zuerst mußt du wissen, daß du
diese göttliche Kraft hast; zum zweiten mußt du wagemutig
sein; und zum dritten brauchst du Vertrauen, um zu handeln.

Auf dieser Grundlage kannst du dir ein ideales Geschäft,
ein ideales Heim, ideale Freundschaften und eine ideale Um-

gebung aufbauen. Dir sind weder durch Material noch durch Kosten Grenzen gesetzt. Der Gedanke ist allmächtig und hat die Fähigkeit, dem unendlichen Vorrat der Ursubstanz alles zu entnehmen, was er braucht. Daher stehen dir unendliche Hilfsquellen zur Verfügung. Aber dein Ideal muß klar, scharf umrissen und bestimmt sein. Heute ein Ideal zu haben und morgen ein anderes und ein drittes nächste Woche, bedeutet, daß du deine Kräfte zersplitterst und nichts erreichst. Dein Endergebnis wird eine bedeutungslose und chaotische Kombination aus verschwendetem Material sein.

Unglücklicherweise ist dies das Ergebnis, das viele erhalten, und die Ursache ist offensichtlich. Wenn ein Bildhauer mit einem Stück Marmor und einem Meißel beginnt und sein Vorbild alle fünf Minuten ändert, was für ein Ergebnis kann er dann erwarten? Und warum solltest du ein anderes Ergebnis erwarten, wenn du unter allen Substanzen diejenige bearbeitest, welche die größte ist und sich am besten formen läßt - die einzig wahre Realität?

Das Ergebnis dieser Unentschlossenheit und der negativen Gedanken ist oft die Ursache für den Verlust von materiellem Wohlstand. Vermeintliche Unabhängigkeit, die vieler Jahre harter Arbeit und Anstrengung bedurfte, verschwindet plötzlich. Es stellt sich dann oft heraus, daß Geld und Besitz keinesfalls Unabhängigkeit bedeuten. Im Gegenteil, die einzige Unabhängigkeit findet man im praktischen Wissen über die Arbeitsweise der kreativen Gedankenkraft.

Die praktische Arbeitsmethode kann dir erst zur Verfügung stehen, wenn du gelernt hast, daß die einzig wirkliche Kraft, die du haben kannst, darin besteht, dich den göttlichen und unveränderbaren Prinzipien anzupassen. Du kannst das Unendliche nicht verändern, aber du kannst die Naturgesetze verstehen lernen. Der Lohn dieses Verstehens ist eine bewußte Verwirklichung deiner Fähigkeit, dein Denkvermögen dem universalen Denken anzupassen, das allgegenwärtig ist, das der Innere Meister ist. Deine Fähigkeit, mit dieser Allmacht zusammenzuarbeiten, wird den Grad des Erfolgs anzeigen, den du haben wirst.

Es ist ein wohlbekanntes Prinzip der Psychologie, und jeder kann es durch Erfahrung auf seine Richtigkeit überprüfen, daß nämlich das, womit der Mensch sich in Gedanken beschäftigt, ein Teil von ihm wird. Je lebendiger seine Gedanken an eine Sache sind, desto mehr wird er zur Sache, über die er nachdenkt. Wir wachsen in Übereinstimmung mit dem, worüber wir kontemplieren. Mit anderen Worten: *„Wie ein Mensch denkt, so ist er."* Dies ist das Gesetz des Verstandesbewußtseins, und es kann zum Guten wie zum Bösen verwendet werden.

Positive, angenehme und schöne Gedanken ziehen noch weitere solcher Gedanken an, und sie nehmen an Umfang zu. Negative, schlechte oder bittere Gedanken tun das gleiche. Die Tendenz ist, daß wächst, was man gewählt hat.

Die Gedankenkraft verfügt über viele Betrüger, die mehr oder weniger faszinierend sind, aber die Wirkungen sind schädlich statt hilfreich. Bekanntlich erzeugen Sorge oder Angst und andere negative Gedanken eine Ernte, die artgemäß ist. Wer Gedanken dieser Art hegt, muß zwangsläufig genau das ernten, was er gesät hat.

Auch hier gibt es die Menschen, die auf Phänomene aus sind und sich gierig mit sogenannten Beweisen und Demonstrationen vollstopfen, die einem bei Seancen mit Materialisationen geboten werden. Sie reißen ihre mentalen Türen weit auf und saugen sich mit den giftigsten Strömungen voll, die es in den psychischen Welten gibt. Sie scheinen nicht zu verstehen, daß das eine Art ist, negativ, rezeptiv und passiv zu werden, und sich auf diese Weise die ganze Lebenskraft abziehen zu lassen, wodurch es jenen Betrügern gelingt, diese pulsierenden Gedankenformen zu erzeugen.

Auch die gläubigen Hindus, die in den Materialisations-erscheinungen, wie sie von sogenannten Adepten vorgeführt werden, eine Quelle der Macht sehen, vergessen oder scheinen nie einzusehen, daß die Formen verschwinden und die Schwingungskräfte, aus denen sie zusammengesetzt sind, sich auflösen, sobald der Wille abgezogen wird.

Telepathie oder Gedankenübertragung haben beachtliche Aufmerksamkeit erregt, aber da diese Praktik einen negativen mentalen Zustand auf seiten des Empfängers erfordert, ist sie schädlich. Ein Gedanke mag zu dem Zweck ausgesendet werden, gehört oder gesehen zu werden, aber er wird die Strafe mit sich bringen, die mit der Umkehrung des angewandten Prinzips einhergeht. Hypnose ist ausgesprochen gefährlich für den Hypnotisierten wie für den Ausführenden. Keinem Menschen, der mit den Gesetzen der mentalen Welt vertraut ist, würde es einfallen, den freien Willen eines anderen unter seine Kontrolle bringen zu wollen, denn wenn er dies tut, wird er sich langsam, aber sicher seiner eigenen Macht berauben.

Es gibt Leute, die zu glauben scheinen, daß sie den Samen einer Gattung säen und „durch Willenskraft" erreichen könnten, daß der Same die Frucht einer anderen Gattung trägt, aber die Vorstellung, Wunscherfüllung kraft des Willens durchzusetzen, wirkt gerade der Kraft entgegen, die wir zu benutzen trachten. All diese Abartigkeiten geben vorüberge-hende Befriedigung und üben auf einige Menschen eine starke Faszination aus, aber eine unendlich viel größere Faszination liegt darin, das Kraftfeld in unserem Inneren wirklich zu verstehen.

Eine Kraft, die durch Gebrauch wächst, ist dauerhaft und nicht flüchtig. Sie ist nicht nur eine wirksame, heilende Kraft, die uns Heilung von den Irrtümern der Vergangenheit oder den Ergebnissen falschen Denkens bringt, sondern sie ist auch ein vorbeugendes Mittel, das vor allen möglichen Gefahren schützt. Und schließlich ist sie eine echte schöpferische Kraft, mit deren Hilfe wir neue Bedingungen und eine neue Umgebung erschaffen können.

Das Gesetz besagt, daß der Gedanke sich mit seinem Objekt in Wechselbeziehung bringen und das Gegenstück des in der mentalen Welt erdachten oder erschaffenen Objekts in die materielle Welt übertragen wird. Wir erkennen dann die absolute Notwendigkeit, dafür zu sorgen, daß jeder Gedanke einen Wahrheitskeim enthält, damit das Gesetz des Wachstums Gutes manifestiert, denn allein das Gute kann beständige Kraft verleihen.

Das Grundprinzip, das dem Gedanken die dynamische Kraft gibt, in Wechselbeziehung zu seinem Objekt zu stehen und daher jede widrige menschliche Erfahrung zu meistern, ist das Gesetz der Anziehung, was ein anderer Name für Liebe ist. Dies ist ein ewiges und fundamentales Prinzip, das allen Dingen, jeder Richtung der Philosophie, jeder Religion und jeder Wissenschaft innewohnt. Das Gesetz der Liebe ist unausweichlich. Das Gefühl ist es, das dem Gedanken Vitalität verleiht. Gefühl ist Verlangen, und Verlangen ist Liebe. Ein Gedanke, der von Liebe durchtränkt ist, wird unbesiegbar.

Wir stellen fest, daß man überall, wo man die Kraft der Gedanken versteht, diese Wahrheit betont. Das Universale

Bewußtsein ist nicht nur Intelligenz, sondern auch Substanz, und diese Substanz ist die anziehende Kraft, welche die Elektronen aufgrund des Gesetzes der Anziehung vereint, so daß sie Atome bilden. Die Atome ihrerseits vereinigen sich aufgrund des gleichen Gesetzes und bilden Moleküle. Moleküle nehmen konkrete Formen an, und so stellen wir fest, daß das Gesetz der Liebe die schöpferische Kraft hinter jeder Manifestation ist, nicht nur der Atome, sondern der Welten, des Universums und all dessen, was mit Hilfe der Vorstellungskraft Gestalt annehmen kann.

Das Wirken dieses wunderbaren Gesetzes der Anziehung ist es, was Menschen in allen Epochen und zu allen Zeiten zu dem Glauben veranlaßt hat, es müsse ein personifiziertes Wesen geben, das auf ihre Bitten und Wünsche reagiert und Ereignisse lenkt, um ihren Bedürfnissen nachzukommen.

Die Kombination von Denken und Liebe formt diese unwiderstehliche Kraft, die wir das Gesetz der Anziehung nennen. Alle Naturgesetze sind unwiderstehlich. Das Gesetz der Gravitation, der Elektrizität und jedes andere Gesetz arbeitet mit mathematischer Genauigkeit. Es gibt keine Abweichung, nur der Verteilerkanal mag unvollkommen sein. Wenn eine Brücke einstürzt, lasten wir den Einsturz nicht einer Abweichung vom Gesetz der Gravitation an.

Wenn eine Lichtquelle uns ihren Dienst versagt, schließen wir daraus nicht, daß man sich auf die Gesetze der Elektrizität nicht verlassen kann; und wenn das Gesetz der Anziehung sich durch einen unerfahrenen oder unzureichend informierten Menschen unvollkommen darzustellen scheint, dürfen wir daraus nicht schließen, daß das größte und absolut unfehlbare Gesetz, von dem das gesamte System der Schöpfung abhängt, aufgehoben sei. Wir sollten vielmehr zu dem Schluß kommen, daß wir das Gesetz besser verstehen müssen, aus dem gleichen Grund, wie wir für ein schwieriges mathematisches Problem eine richtige Lösung auch nicht immer leicht und auf Anhieb finden.

Dinge werden in der mentalen oder spirituellen Welt erschaffen, ehe sie in einer äußeren Handlung oder in einem äußeren Ereignis erscheinen. Durch den einfachen Prozeß, unsere Gedankenkräfte heute zu dirigieren, helfen wir bei der Erschaffung der künftigen Ereignisse, die in unserem Leben auftreten werden, vielleicht sogar schon morgen. Ein gut durchdachter Wunsch ist das stärkste Mittel, das Gesetz der Anziehung in Bewegung zu setzen.

Der Mensch ist so angelegt, daß er zuerst die Werkzeuge oder die Ausrüstung schaffen muß, mit deren Hilfe er die Fähigkeit zu denken erreicht. Der Verstand kann eine völlig neue Idee erst dann erfassen, wenn eine ihr in der Schwingung entsprechende Gehirnzelle darauf vorbereitet wurde, sie aufzunehmen. Dies erklärt, warum es für uns so schwierig ist, eine völlig neue Idee aufzunehmen und richtig einzuschätzen. Wir haben keine Gehirnzelle, die befähigt ist, sie aufzunehmen. Daher sind wir voller Zweifel; wir glauben es nicht.

Wenn du also bis jetzt noch nicht mit der Allmacht des Gesetzes der Anziehung vertraut bist und mit der wissenschaftlichen Methode, durch die es in Gang gesetzt werden kann, oder wenn du noch nicht mit den unbegrenzten Möglichkeiten vertraut gewesen bist, die es denjenigen Menschen eröffnet, die sich die verfügbaren Hilfsquellen zunutze machen können, dann beginne jetzt und schaffe die erforderlichen Gehirnzellen, die dich befähigen werden, diese unbegrenzten Kräfte zu verstehen, die dir gehören, wenn du mit dem Naturgesetz zusammenarbeitest. Dies geschieht durch Konzentration oder Aufmerksamkeit.

Die Absicht ist Herrin der Aufmerksamkeit. Kraft kommt durch Stille. In der Konzentration kommen einem tiefgreifende Gedanken, weise Reden, und alle Kräfte höheren, geistigen Potentials werden zugänglich. In der Stille geschieht es, daß du mit der allmächtigen Kraft des Unterbewußtseins in Berührung kommst, aus dem alle Kraft erwächst.

Wer Weisheit, Leistungskraft oder beständigen Erfolg jeglicher Art anstrebt, wird dies nur im Innern finden. Es ist ein Sich-Entfalten. Der Nichtdenkende mag den Schluß ziehen, daß Stille sehr einfach und leicht zu erreichen sei; aber man sollte bedenken, daß man nur in absoluter Stille in Kontakt mit der Gottheit selbst kommen, mit dem unabänderlichen Gesetz vertraut gemacht werden und Kanäle für sich öffnen kann, die durch beharrliche Übung und Konzentration zur Perfektion führen.

Geh in das gleiche Zimmer, setz dich auf den gleichen Stuhl, und nimm die gleiche Position ein wie zuvor. Sorge dafür, daß du dich entspannst, lasse alles los, geistig und auch physisch. Mache es immer so; versuche niemals, irgendeine geistige Arbeit unter Druck zu erledigen. Sieh zu, daß deine Muskeln oder Nerven nicht angespannt sind und daß du dich rundum wohlfühlst.

Nun erkenne, daß du eins bist mit der Allmacht. Nimm Verbindung mit dieser Kraft auf, mit dem Inneren Meister, laß das tiefe, lebenswichtige Verstehen, die Anerkennung und die Erkenntnis der Tatsache sich in dir ausbreiten, daß deine Fähigkeit zu denken deine Fähigkeit ist, auf das Universale Bewußtsein einzuwirken und es zur Manifestation zu bringen. Erkenne, daß es jeder einzelnen Anforderung gerecht wird,

112

daß du genau die gleiche potentielle Fähigkeit hast, die jeder einzelne jemals hatte oder jemals haben wird; denn jeder ist nur ein Ausdruck oder eine Manifestation des Einen. Alle sind Teile des Ganzen; es gibt keinen Unterschied in der Art oder in der Qualität; der einzige Unterschied liegt im Grad des Erkennens.

„Der Gedanke kann sich nichts vorstellen, was nicht zum Ausdruck gebracht werden könnte. Wer ihn zuerst aussprach, mag ihn nur vorgeschlagen haben; doch der ihn ausführt, wird bekannt werden."

Wilson

Kapitel 13

Das Gesetz der Anziehung

*Wir haben herausgefunden, daß alles, was wir
erhalten, durch das Gesetz der Anziehung auf uns
zukommt. Ein glücklicher Gedanke kann in einem
unglücklichen Bewußtsein nicht existieren. Deshalb
muß sich das Bewußtsein verändern, und während
das Bewußtsein sich verändert, müssen sich auch
alle Umstände als Voraussetzung für eine Anpassung an das veränderte Bewußtsein allmählich
verändern, um den Anforderungen der neuen
Situation gerecht zu werden.*

In der Wissenschaft war man geneigt, und wie sich heraus-
stellen mag, war es eine Notwendigkeit, die Erklärung für die
alltäglichen Gegebenheiten in einer Verallgemeinerung derjenigen anderen Fakten zu sehen, die weniger häufig sind und
die Ausnahme bilden. So manifestiert der Ausbruch eines
Vulkans die Hitze, die ständig im Inneren der Erde am Werke
ist und der sie einen großen Teil ihrer Gestalt verdankt.

Auf die gleiche Weise stellt ein Blitz eine subtile Kraft
zur Schau, die ständig aktiv ist, um in der anorganischen Welt
Veränderungen zu bewirken; tote Sprachen, die wir heute nur
noch selten hören, waren einst vorherrschend unter den Nationen; ein gigantischer Stoßzahn, der in Sibirien gefunden
wird, und ein Fossil tief im Innern der Erde legen nicht nur
Zeugnis von der Evolution vergangener Zeitalter ab, sondern

erklären auch die Entstehung der Hügel und Täler, die wir heute bewohnen.

So ist eine Verallgemeinerung von Tatsachen, die selten oder seltsam sind oder die Ausnahme bilden, die Magnetnadel gewesen, die zu all den Entdeckungen der Induktionswissenschaften geführt hat. Diese Methode gründet sich auf Schlußfolgerung und Erfahrung, zerstört Aberglauben und löst Vorhergegangenes und Herkömmliches ab.

Es ist jetzt mehr als dreihundert Jahre her, daß Lord Bacon diese Forschungsmethode empfohlen hat, der die zivilisierten Nationen den größeren Teil ihres Wohlstands und den wertvolleren Teil ihres Wissens verdanken. Indem die Induktion den Verstand von engstirnigen Vorurteilen und klassifizierenden Theorien viel wirkungsvoller reinigt als die scharfsinnigste Spöttelei, zieht sie die Aufmerksamkeit der Menschen erfolgreicher durch überraschende Experimente vom Himmel auf die Erde als durch eine eindringliche Demonstration ihrer Unwissenheit. Sie schult die erfinderischen Fähigkeiten weit wirksamer durch unmittelbare Aussicht auf nützliche Erfindungen, die sich für alle eröffnen, als durch Gerede darüber, wie man die unserem Geiste innewohnenden Gesetze ans Licht bringt.

Bacons Methode hat den Geist und die Ziele der großen Philosophen Griechenlands aufgegriffen, sie in die Tat umgesetzt und sie zur Auswirkung gebracht durch eine neue Beobachtungsmethode, die uns ein anderes Zeitalter bot. Nach und nach erschloß sie uns das wunderbare Wissensgebiet über den unendlichen Raum der Astronomie, über das mikroskopisch kleine Ei der Embryologie und über das heraufdämmernde Zeitalter der Geologie. Sie enthüllte im Zusammenhang mit dem Pulsschlag Gesetzmäßigkeiten, die die

Logik des Aristoteles nie hätte entschleiern können, und analysierte zuvor unbekannte Elemente in Verbindungen von Materie, die keine Dialektik der Scholastiker wirkungsvoller hätte zerlegen können.

So hat sie das Leben verlängert; sie hat Schmerzen verringert; sie hat Krankheiten ausgelöscht; sie hat die Fruchtbarkeit des Bodens gesteigert; sie hat dem Seemann größere Sicherheit gegeben; sie hat breite Flüsse mit Brücken in einer Gestalt überspannt, die unseren Vätern unbekannt war; sie hat den Blitzschlag vom Himmel auf die Erde abgeleitet; sie hat die Nacht mit dem Licht des Tages erhellt; sie hat das menschliche Gesichtsfeld erweitert; sie hat die menschliche Muskelkraft vervielfacht; sie hat unsere Fortbewegung beschleunigt; sie hat Entfernungen beseitigt; sie hat unseren Umgang miteinander erleichtert, unseren Schriftwechsel, alle Dienstleistungen, alle geschäftlichen Abläufe; sie hat es den Menschen ermöglicht, in die Tiefen des Meeres hinabzusteigen, sich hoch in die Luft zu erheben und ungefährdet zu den entlegenen Winkeln der Erde vorzudringen.

Dies ist also die wahre Natur und die Reichweite der Induktion. Aber je größer der Erfolg ist, den die Menschheit durch die Induktionswissenschaften erreicht, desto mehr erfordert der Tenor ihrer Lehren und ihr Beispiel, die einzelnen Tatsachen sorgfältig, geduldig und exakt zu beobachten, wobei wir alle verfügbaren Instrumente und Erfindungen einsetzen, bevor wir es wagen können, eine Aussage über allgemeingültige Gesetze zu machen.

Mit dieser Methode der Schlußfolgerung bestimmen wir die Übertragung des Funkens, der unter allen nur denkbaren Umständen durch eine elektrische Maschine entsteht, und dies mag uns, genau wie Franklin, zur Frage ermutigen, einem

Drachen gleich die Wolke über die Beschaffenheit des Blitzes zu befragen. Um uns mit der Exaktheit eines Galilei davon zu überzeugen, wie Gegenstände fallen, und wie Newton es zu wagen, den Mond nach der Kraft zu fragen, die ihn an die Erde bindet, benutzen wir Induktion.

Kurz gesagt, durch den Wert, den wir der Wahrheit beimessen, und durch unsere Hoffnung auf einen beständigen und allgemeinen Fortschritt, der es einem tyrannischen Vorurteil nicht gestattet, unwillkommene Tatsachen zu ignorieren oder zu entstellen, errichten wir den Überbau der Wissenschaft. Auf dieser umfassenden und unveränderbaren Grundlage der vollen Aufmerksamkeit werden die seltensten wie auch die häufigsten Phänomene eingehend in Betracht gezogen.

Das Material, das durch Beobachtung zusammengetragen wird, nimmt ständig zu; doch die gesammelten Fakten sind sehr unterschiedlicher Qualität. Genauso wie wir Eigenschaften von Menschen am höchsten bewerten, die wir nur selten antreffen, sieht die Physik die Fakten und mißt der auffallendsten Kategorie, für die man durch übliche und tägliche Beobachtungen keine ausreichenden Gründe angeben kann, herausragende Bedeutung bei.

Zu welchem Schluß sollen wir also kommen, wenn wir herausfinden, daß bestimmte Personen ungewöhnliche Kräfte zu besitzen scheinen? Erstens könnten wir sagen, es stimmt nicht, was einfach bedeutet, wir geben zu, daß wir nicht informiert sind; denn jeder ehrliche Forscher gibt zu, daß es viele seltsame und unerklärliche Phänomene gibt, die ständig auftreten. Wer sich jedoch mit der kreativen Gedankenkraft vertraut gemacht hat, wird die Phänomene nicht mehr als unerklärlich betrachten.

Zweitens könnten wir sagen, daß sie das Ergebnis übernatürlichen Eingreifens sind, aber ein wissenschaftliches Verständnis der Naturgesetze wird uns überzeugen, daß es nichts Übernatürliches gibt. Jedes Phänomen ist das Ergebnis einer genauen und eindeutigen Ursache, und die Ursache ist ein unveränderliches Gesetz oder Prinzip, das mit unveränderlicher Präzision arbeitet, sei es, daß man es bewußt oder unbewußt in Gang gesetzt hat.

Drittens könnten wir sagen, daß wir uns auf „verbotenem Gelände" befänden, daß es einige Dinge gibt, die wir nicht wissen sollten. Dieser Einwand wurde gegen jeden Fortschritt innerhalb des menschlichen Wissens vorgebracht. Jeder einzelne, der eine neue Idee vorantrieb, seien es Kolumbus, Darwin, Galilei, Fulton oder Emerson, wurde lächerlich gemacht oder verfolgt; dieser Einwand sollte also keine ernsthafte Beachtung finden. Im Gegenteil, wir sollten über jede Tatsache, die unsere Aufmerksamkeit erregt, eingehend nachdenken. Dadurch werden wir mit größerer Wahrscheinlichkeit das Gesetz entdecken, das der Tatsache zugrunde liegt.

Man wird herausfinden, daß die kreative Kraft des Denkens alle denkbaren Umstände oder Erfahrungen erklärt, seien sie physischer, mentaler oder spiritueller Natur. Gedanken verursachen Umstände in Übereinstimmung mit der vorherrschenden mentalen Haltung. Wenn wir Unheil befürchten, wird Unheil mit Sicherheit das Ergebnis unseres Denkens sein, weil Furcht eine überaus folgenschwere Art des Denkens ist. Diese Art des Denkens ist es, die häufig die Ergebnisse von vielen Jahren harter Arbeit und Anstrengung hinwegfegt.

Wenn wir an materiellen Wohlstand irgendwelcher Art denken, können wir ihn erreichen. Durch Konzentration der

Gedanken werden die erforderlichen Umstände geschaffen, und man setzt sich entsprechend ein, was dazu führt, daß die Umstände entstehen, die für die Verwirklichung unserer Wünsche notwendig sind. Aber oft merken wir: Wenn wir uns die Dinge beschaffen, von denen wir glaubten, sie seien unser Wunsch, haben sie nicht die Wirkung, die wir erwarteten. Das heißt, die Befriedigung ist nur vorläufiger Natur, oder möglicherweise beinhaltet sie das Gegenteil von dem, was wir erwarteten.

Was nun ist die angemessene Vorgehensweise? Was also sollen wir denken, um zu bekommen, was wir wirklich wünschen? Was du und ich uns wünschen, was wir alle uns wünschen, was jeder erstrebt, sind Glück und Harmonie. Wenn wir wirklich glücklich sein können, haben wir alles, was die Welt uns geben kann. Wenn wir selbst glücklich sind, können wir andere glücklich machen. Aber wir können nicht glücklich sein, wenn wir nicht Gesundheit, Kraft, gleichgesinnte Freunde, eine angenehme Umgebung und ausreichende Versorgung haben, nicht nur, um unseren Bedürfnissen nachzukommen, sondern uns auch mit den Bequemlichkeiten und Annehmlichkeiten zu versorgen, die uns zustehen.

Die althergebrachte orthodoxe Art zu denken war, daß wir „ein Wurm" seien, daß wir mit unserem Anteil zufrieden sein sollten. Aber die moderne Vorstellung beruht auf dem Wissen, daß uns das Beste von allem zusteht, daß „der Vater und ich eins sind" und daß dieser „Vater", wie manche ihn sich vorstellen, das Universale Bewußtsein ist oder die Quelle, Spirit, Licht und Ton, der Schöpfer und die Ursubstanz, wovon alle Dinge ausgehen.

Wenn wir nun zugeben, daß all dies theoretisch richtig ist - und es wird uns ja seit zweitausend Jahren erzählt, und es ist die Essenz jedes philosophischen Systems und jeder Religion - wie können wir es in unserem täglichen Leben praktisch umsetzen? Wie gelingt es uns, hier und jetzt tatsächliche und greifbare Ergebnisse zu erzielen?

Zuerst müssen wir unser Wissen in die Praxis umsetzen. Auf andere Weise kann nichts erreicht werden. Der Athlet mag sein ganzes Leben lang Bücher über Körpertraining lesen, aber wenn er nicht anfängt, Energie für tatsächliches Training einzusetzen, wird er keine Kräfte entwickeln. Er wird mit der Zeit genau das bekommen, was er gibt, aber zuerst muß er geben. Mit uns ist es genau das gleiche. Wir werden genau das bekommen, was wir geben; aber zuerst müssen wir geben. Es wird dann auf mannigfaltige Weise zu uns zurückkommen, und das Geben ist einfach ein mentaler Vorgang, weil Gedanken Ursachen und Umstände Wirkungen sind. Wenn wir daher Gedanken des Mutes, der Inspiration, der Gesundheit oder Hilfe jeglicher Art aussenden, setzen wir Ursachen in Gang, die ihre Wirkung zeigen werden.

Denken ist eine spirituelle Aktivität und daher kreativ, aber mache keinen Fehler - Gedanken werden nichts schaffen, es sei denn, sie werden bewußt, systematisch und konstruktiv gelenkt, und hier liegt der Unterschied zwischen nutzlosem Denken, das einfach verschwendeter Kraftaufwand ist, und konstruktivem Denken, das praktisch unbegrenzte Möglichkeiten in sich trägt.

Wir haben gesehen, daß alles, was wir erhalten, durch das Gesetz der Anziehung auf uns zukommt. Ein glücklicher Gedanke kann in einem unglücklichen Bewußtsein nicht existieren. Deshalb muß sich das Bewußtsein verändern, und während sich das Bewußtsein verändert, müssen sich auch alle Umstände als Voraussetzung für eine Anpassung an das veränderte Bewußtsein allmählich verändern, um den Anforderungen der neuen Situation gerecht zu werden.

Wenn wir ein mentales Bild oder eine Vorstellung schaffen, projizieren wir einen Gedanken in die Universale Substanz, den Spirit, aus dem alle Dinge entstehen. Diese Universale Substanz ist allgegenwärtig, allmächtig und allwissend. Ist es an uns, dieser allwissenden Kraft vorzuschreiben, welcher Kanal für die Verwirklichung unseres Wunsches der richtige ist? Kann das Endliche dem Unendlichen Rat erteilen?

Das ist die Ursache für Fehlschläge, für alles Versagen. Wir erkennen die Allgegenwart der universalen Substanz, aber erkennen nicht die Tatsache, daß diese Substanz nicht nur allgegenwärtig, sondern auch allmächtig und allwissend ist und folglich Ursachen in Gang setzen wird, von denen wir absolut nichts wissen.

Das bringt uns auf den Punkt, daß Gleiches Gleiches anzieht. Dies ist ein weiteres Naturgesetz, über das wir einiges wissen sollten, wenn wir uns auf die Bewegung im Innern vorbereiten. Die einzigen Wesenheiten, die wir in den anderen Welten anziehen können, sind jene, die mit unseren Stimmungen und Gefühlen in Einklang sind. Alle, die wir in dieser Welt anziehen, verfügen über eine gleichgeartete Anziehungskraft. Das bedeutet, daß wir dann, wenn wir die Reise nach innen antreten, über die Menschen lesen sollten, die es bereits getan haben, und wir sollten uns ihnen anschließen. Sich in irgendeiner speziellen Angelegenheit an jemanden zu wenden, der kein ähnliches Problem hat oder es jemals hatte, heißt, unsere Zeit zu vergeuden. Wir würden auch nicht in einer Herzensangelegenheit zu einem Bankier gehen, wir könnten uns aber wegen eines finanziellen Problems an ihn wenden. Wenn wir in spirituellen Bahnen denken, wenden wir uns in unseren spirituellen Angelegenheiten darum notwendigerweise an einen Traveler oder an jemanden, der Erfahrungen auf diesem Gebiet hat.

Wir können unsere Interessen am besten dadurch wahren, daß wir die unendliche Kraft und die unendliche Weisheit des Universalen Bewußtseins erkennen und auf diese Weise ein Kanal werden, kraft dessen das Unendliche unsere Wünsche verwirklichen kann. Das bedeutet, daß Erkenntnis die Verwirklichung herbeiführt. Daher mache zu deiner Übung von diesem Prinzip Gebrauch. Erkenne die Tatsache an, daß du ein Teil des Ganzen bist und daß ein Teil in Art und Eigenschaft dem Ganzen gleich sein muß. Der einzige Unterschied, der denkbar ist, liegt im Ausmaß.

Wenn diese ungeheure Tatsache sich in deinem Bewußtsein auszubreiten beginnt, wenn dir die Tatsache wirklich bewußt wird, daß ja du und nicht dein Körper, sondern das Selbst, das „Ich", der Spirit, der denkt, ein wesentlicher Teil des großen Ganzen ist, daß das Selbst das gleiche in Substanz, Beschaffenheit und Art ist, daß der Schöpfer nichts erschaffen könnte, was sich von ihm selbst unterscheidet, dann wirst du auch fähig sein, zu sagen: *„Der Vater und ich sind eins"*, und du wirst die Schönheit, die Großartigkeit und die transzendentalen Gelegenheiten begreifen lernen, die dir zur Verfügung stehen.

„Mehre in mir jene Weisheit, die mich meine wahren Interessen erkennen läßt, und mich in meiner Entschlossenheit bestärkt, durchzuführen, was die Weisheit befiehlt."

Franklin

Kapitel 14

Das Unterbewußtsein

Es gibt viele Menschen, die nicht bereit sind, sich der Disziplin des richtigen Denkens zu unterziehen, selbst wenn ihnen klar ist, daß falsches Denken zu Mißerfolg führt. Der Gedanke ist die einzige Realität. Die Umstände sind nur äußere Manifestationen.

Die universale Energie, in der alle Bewegung, Licht, Hitze und Farbe ihren Ursprung haben, hat keinen Anteil an den Begrenzungen der vielen Auswirkungen, deren Ursache sie ist; vielmehr steht sie über ihnen allen. Diese universale Substanz ist die Quelle aller Kraft, aller Weisheit und aller Intelligenz. Diese Intelligenz zu erkennen heißt, dich damit vertraut zu machen, daß Wissen eine Eigenschaft des Geistes ist, und es bedeutet, mit ihrer Hilfe auf die universale Substanz einzuwirken und sie so in Einklang mit deinen Angelegenheiten zu bringen.

Dies ist etwas, das der gelehrteste Physiklehrer noch nicht versucht hat, ein Forschungsbereich, in den er sich noch nicht begeben hat; in der Tat haben nur wenige der im Materialismus verankerten Lehren auch nur einen ersten Schimmer dieses Lichts eingefangen. Es scheint ihnen noch nicht gedämmert zu sein, daß Weisheit überall genauso gegenwärtig ist wie die Kraft und die Substanz des göttlichen Spirit.

Mancher wird sagen, wenn diese Prinzipien wahr sind, wieso stellen wir sie dann nicht unter Beweis? Warum ernten wir nicht angemessene Ergebnisse, wo das Grundprinzip doch offensichtlich zutreffend ist? Wir bekommen sie ja. Wir bekommen Ergebnisse, die genau mit unserer Fähigkeit übereinstimmen, das Gesetz zu verstehen und es richtig anzuwenden. Wir erhielten so lange keine Ergebnisse von den Gesetzen der Elektrizität, bis jemand sie formulierte und uns zeigte, wie wir sie anwenden mußten. Das versetzte uns in eine vollkommen neue Beziehung zu unserer Umwelt und eröffnete uns Möglichkeiten, die wir uns vorher nicht erträumt hatten; und dies geschah durch eine geordnete Reihe von Gesetzen, die naturgemäß zu unserer neuen mentalen Haltung gehören.

Der Geist ist kreativ, und das Prinzip, auf dem dieses Gesetz basiert, ist fundiert und folgerichtig und wohnt der Natur der Dinge inne. Diese kreative Kraft hat ihren Ursprung nicht im Individuum, sondern im Universalen, das die Quelle und der Ursprung aller Energie und aller Substanz ist. Das Individuum ist einfach der Kanal zur Verteilung dieser Energie. Das Individuum ist das Mittel, durch welches das Universale die verschiedenartigen Kombinationen hervorbringt, die zur Entstehung von Erscheinungen der niederen Welten führen.

Wir wissen, daß die Wissenschaftler Materie in eine große Anzahl von Molekülen zerlegt haben. Diese Moleküle wurden in Atome aufgelöst und Atome wiederum in Elektronen. Die Entdeckung von Elektronen in hohen Vakuumglasröhren, die geschmolzene Teile harten Metalls enthalten, führen zu dem Schluß, daß diese Elektronen allen Raum füllen, daß sie überall existieren, daß sie allgegenwärtig sind. Sie füllen jeden materiellen Körper und besetzen alles, was wir leeren Raum nennen. Dies also ist die Universale Substanz - Spirit - von dem alle Dinge ausgehen.

Elektronen würden für immer Elektronen bleiben, würden sie nicht irgendwohin dirigiert, um sich zu Atomen zusammenzusetzen, und diese wiederum zu Molekülen, und es ist Spirit, der sie dirigiert. Eine Anzahl von Elektronen, die um ein Kraftzentrum kreisen, machen ein Atom aus. Atome formen sich nach absolut genauen mathematischen Proportionen und bilden Moleküle, und diese vereinigen sich, um eine Vielzahl von Verbindungen herzustellen, die sich ihrerseits vereinigen, um das Universum zu bilden.

Das leichteste der bekannten Atome ist das Wasserstoffatom, und es ist 1700 mal schwerer als ein Elektron. Ein Quecksilberatom ist 300.000 mal schwerer als ein Elektron. Elektronen sind reine negative Elektrizität, und da sie die gleiche potentielle Geschwindigkeit wie die übrige kosmische Energie, wie Hitze, Licht, Elektrizität und Gedanken haben, nämlich 186.000 Meilen (1 Meile = 1,6093 km) = 299.330 km in der Sekunde, bedürfen Zeit und Raum keiner Beachtung.

Die Art, in der die Geschwindigkeit des Lichtes bestimmt wurde, ist interessant. Die Geschwindigkeit des Lichtes wurde im Jahr 1676 von dem dänischen Astronomen Roemer berechnet, als er die Verfinsterungen der Jupitermonde beobachtete. Wenn die Erde Jupiter am nächsten war, fand die Verfinsterung nach den Berechnungen scheinbar achteinhalb Minuten zu früh statt, und wenn die Erde am weitesten vom Jupiter entfernt war, kam sie scheinbar achteinhalb Minuten zu spät. Roemer schloß daraus, der Grund dafür sei, daß das Licht 17 Minuten brauche, um den Durchmesser der Erdumlaufbahn zu durchqueren, wodurch die unterschiedlichen Entfernungen der Erde vom Jupiter meßbar wurden. Diese Berechnung hat sich mittlerweile als richtig erwiesen und bestätigt, daß das Licht 186.000 Meilen in der Sekunde zurücklegt.

Elektronen manifestieren sich im Körper als Teil von Zellen, und sie besitzen Bewußtsein und genügend Intelligenz, um ihre Funktionen im menschlichen Körper auszuführen. Jeder Teil des Körpers setzt sich aus Zellen zusammen, von denen einige unabhängig arbeiten, andere wiederum in Gemeinschaft. Einige sind damit beschäftigt, Gewebe zu bilden, während andere sich damit befassen, die für den Körper notwendigen Sekrete zu erzeugen. Einige arbeiten als Transporteure von Nährstoffen, andere sind die Sanitäter, die Schäden reparieren. Wieder andere haben Reinigungsaufgaben und leiten die entstehenden Abfallprodukte aus. Wieder andere sind ständig in Bereitschaft, Eindringlinge oder andere unerwünschte Störenfriede der Erregerfamilie abzuwehren.

Alle diese Zellen dienen einem allgemeinen Zweck, und jede einzelne ist nicht nur ein lebender Organismus, sondern hat genügend Intelligenz, die es ihr ermöglicht, die erforderlichen Pflichten auszuführen. Sie ist auch mit genügend Intelligenz ausgestattet, die Energien zu bewahren und sich selbst am Leben zu erhalten. Darum muß sie genügend Nahrung bekommen, und man hat festgestellt, daß sie sich diese Nahrung aussucht.

Jede Zelle wird geboren, reproduziert sich selbst, stirbt und wird absorbiert. Die Erhaltung der Gesundheit und des Lebens selbst ist abhängig von der ständigen Regeneration dieser Zellen. Es ist also offensichtlich, daß in jedem Atom des Körpers Bewußtsein existiert. Dieses Bewußtsein ist negativ gepolt, und die Denkfähigkeit des Menschen macht ihn positiv, so daß er dieses negativ ausgerichtete Bewußtsein lenken kann. Dies ist die wissenschaftliche Erklärung für das Geistheilen, und sie wird jedem die Augen für das Prinzip öffnen, auf dem dieses bemerkenswerte Phänomen beruht.

Diese negative Bewußtheit, die in jeder Zelle des Körpers wohnt, wird das Unterbewußtsein genannt, weil uns sein Wirken nicht bewußt ist. Wir haben festgestellt, daß das Unterbewußtsein dem Willen des Verstandes untersteht. Alle Dinge haben ihren Ursprung in der Bewußtheit des Verstandes, und Erscheinungen sind das Resultat von Denken. So sehen wir also, daß Dinge von sich aus weder Ursprung, noch Dauerhaftigkeit, noch Realität haben. Da sie durch Gedanken geschaffen wurden, können sie durch Gedanken ausgelöscht werden.

In den Geisteswissenschaften wie auch den Naturwissenschaften werden Experimente durchgeführt, und jede Entdeckung bringt den Menschen seinen möglichen Zielen einen Schritt näher. Wir stellen fest, daß jeder Mensch eine Widerspiegelung der Gedanken ist, die er während seines Lebens gehegt hat. Sie haben seinen Gesichtsausdruck geprägt und seiner Erscheinung, seinem Charakter, seiner Umgebung ihren Stempel aufgedrückt. Jeder Wirkung liegt eine Ursache zugrunde, und wenn wir die Spur zum Anfang zurückverfolgen, finden wir das kreative Prinzip, dem es entsprang. Die Beweise dafür sind jetzt so vollständig, daß diese Wahrheit allgemein akzeptiert wird.

Die objektive Welt wird durch eine unsichtbare und vordem unerklärbare Kraft gelenkt. Wir haben diese Kraft personifiziert und sie Gott genannt. Jetzt haben wir jedoch gelernt, sie als eine alles durchdringende Essenz anzusehen oder als ein Prinzip von allem, was existiert - das Unendliche oder das Universale Bewußtsein. Das Universale Bewußtsein, das unendlich und allmächtig ist, hat unbegrenzte Mittel zu seiner Verfügung, und wenn wir uns vor Augen halten, daß es auch allgegenwärtig ist, können wir uns der Schlußfolgerung nicht entziehen, eine Ausdrucksform oder eine Manifestation dieses Geistes sein zu müssen.

Ein Erkennen und Verstehen der Ressourcen des Unterbewußtseins zeigt, daß der einzige Unterschied zwischen dem Unterbewußtsein und dem Universalen Bewußtsein nur in dessen Ausmaß besteht. Sie unterscheiden sich nur so voneinander wie der Wassertropfen vom Ozean. Sie sind sich gleich nach Art und Qualität; der Unterschied besteht nur im Ausmaß.

Erkennst du diese äußerst wichtige Tatsache und kannst du ihren Wert einschätzen? Ist dir klar, daß ein Erkennen dieser überwältigenden Tatsache dich in Berührung mit der Allmacht bringt? Da das Unterbewußtsein das Bindeglied zwischen dem Universalen Bewußtsein und dem bewußten Verstand darstellt, ist damit doch klar, daß der bewußte Verstand bewußt Gedanken vorschlagen kann, die das Unterbewußtsein in Bewegung bringen, und da das Unterbewußte eins ist mit dem Universalen, ist dann nicht auch klar, daß seinen Aktivitäten keine Grenzen gesetzt werden können?

Wenn man dieses Prinzip vom wissenschaftlichen Standpunkt aus versteht, wird einem klar, wie die wundervollen Ergebnisse zustande kommen, die man durch die Kraft des Gebetes erzielt. Die auf diese Weise erzielten Resultate entstehen nicht aufgrund besonderer Fügungen der Vorsehung, sondern sind im Gegenteil die Ergebnisse eines perfekt arbeitenden Naturgesetzes. Daher ist daran nichts Religiöses oder Mysteriöses.

Aber es gibt noch viele Menschen, die nicht bereit sind, sich der notwendigen Disziplin des richtigen Denkens zu unterziehen, selbst wenn klar ist, daß falsches Denken zu Mißerfolg führt. Denken ist die einzige Realität. Umstände sind nur äußere Manifestationen. Wenn sich die Gedanken ändern, müssen sich auch die äußeren oder materiellen Umstände verändern, um in Harmonie mit ihrem Urheber, dem Denken, zu sein.

Aber der Gedanke muß klar umrissen sein, beständig, bestimmt, eindeutig und unveränderbar. Du kannst nicht einen Schritt vorwärts gehen und zwei zurück, und genauso wenig kannst du zwanzig oder dreißig Jahre deines Lebens damit verbringen, negative Umstände als Resultat negativer Gedanken zu schaffen und dann erwarten, daß sie alle als Ergebnis von fünfzehn oder zwanzig Minuten richtigen Denkens dahinschmelzen.

Wenn du anfängst, dir diese Disziplin aufzuerlegen, die für eine radikale Veränderung in deinem Leben notwendig ist, mußt du das ganz bewußt tun, nachdem du die Angelegenheit sorgfältig und von allen Seiten bedacht hast, und dann darfst du nicht zulassen, daß sich irgend etwas deiner Entscheidung in den Weg stellt. Diese Disziplin, diese Veränderung im Denken, diese geistige Haltung, wird nicht nur die materiellen Voraussetzungen für dein größtes und bestes Wohlergehen schaffen, sondern dir auch Gesundheit und harmonische Umstände im allgemeinen bescheren.

Wenn du dir harmonische Umstände in deinem Lebens wünschst, mußt du eine harmonische Geisteshaltung entwickeln. Deine äußere Welt wird ein Spiegel deiner inneren Welt sein. Konzentriere dich auf Harmonie, und wenn ich sage, konzentriere dich, dann meine ich damit alles, was dieses Wort beinhaltet. Konzentriere dich so tiefgehend, so ernsthaft, daß dir nichts anderes bewußt ist als Harmonie. Bedenke, wir lernen durch Tun. Diese Lektionen nur zu lesen, wird dir gar nichts bringen. Die praktische Anwendung ist es, worin ihr Wert besteht.

Kapitel 15

Schöpferisches Denken

Es steht außer Frage: Wer „weise genug ist zu
verstehen", erkennt ohne weiteres, daß die kreative
Kraft der Gedanken ihm eine unbesiegbare Waffe
in die Hand gibt und ihn zum Meister seines
Schicksals macht.

Die Gesetze, unter denen wir leben, dienen nur unserem
Besten. Diese Gesetze sind unveränderlich, und wir können
uns ihrem Wirken nicht entziehen. Alle die großen, ewigen
Mächte wirken in feierlicher Stille, aber es steht in unserer
Macht, uns harmonisch auf sie abzustimmen und so einem
verhältnismäßig friedvollen und glücklichen Leben Ausdruck
zu verleihen.

Schwierigkeiten, Disharmonien und Hindernisse zeigen,
daß wir es entweder ablehnen, loszulassen, was wir nicht
mehr brauchen oder daß wir es ablehnen, anzunehmen, was
wir brauchen. Wachstum erreicht man dadurch, daß man
Altes gegen Neues eintauscht und Gutes gegen noch Besse-
res. Es ist ein bedingter oder wechselseitiger Vorgang, denn
jeder von uns ist ein vollkommen denkendes Wesen, und
diese Vollkommenheit erlaubt es uns, nur in dem Maße zu
bekommen, wie wir geben.

Wir sind nicht in der Lage, etwas zu bekommen, was uns
fehlt, wenn wir uns bewußt an etwas klammern, das wir
haben. Wir können unsere Umstände bewußt unter Kontrolle
halten, wenn wir den Sinn dessen, was wir anziehen, erspü-

ren, und wenn wir in der Lage sind, aus jeder Erfahrung nur das abzuleiten, was wir für unser weiteres Wachstum benötigen. Unsere diesbezügliche Fähigkeit bestimmt das Maß von Harmonie oder Glück, das wir erreichen.

Unsere Fähigkeit, uns anzueignen, was wir für unser Wachstum brauchen, nimmt ständig zu, während wir die höheren Ebenen erreichen und ein immer weiteres Gesichtsfeld bekommen. Je größer unsere Fähigkeit ist, zu wissen, was wir brauchen, mit desto größerer Sicherheit können wir wahrnehmen, daß es vorhanden ist, können es anziehen und aufnehmen. Nichts vermag uns zu erreichen mit Ausnahme dessen, was für unser Wachstum notwendig ist.

Alle Umstände und Erfahrungen, die auf uns zukommen, dienen unserem Wohl. Schwierigkeiten und Hindernisse werden sich uns so lange in den Weg stellen, bis wir ihre Weisheit aufnehmen und uns das Wesentlichste daraus für unser weiteres Wachstum einverleiben. Daß wir ernten, was wir säen, geschieht mit mathematischer Genauigkeit. Wir gewinnen dauerhafte Stärke genau in dem Maße, wie es die Anstrengungen zur Überwindung von Schwierigkeiten erfordern.

Das Gesetz des Denkens besagt, daß wir genauso wachsen wie das, worüber wir kontemplieren. Je mehr wir unsere Imagination auf das richten, worüber wir gerade nachdenken, desto ähnlicher werden wir dem, worauf sich unsere Gedanken richten. Daher bedient sich der Meister dieses Gesetzes in den spirituellen Übungen. Befriedigung der Sinne ist meist der Grund dafür, daß wir unser Sehnen nach Gott vergessen.

Die unerbittlichen Anforderungen des Wachsens bedingen, daß wir das höchste Maß an Anziehung einsetzen für das, was vollkommen in Übereinstimmung mit uns ist. Unser größtes Glück werden wir am besten dadurch erreichen, daß wir die Naturgesetze verstehen und bewußt mit ihnen zusammenarbeiten. Der Gedanke ist kreativ, und das Prinzip, auf dem dieses Gesetz basiert, ist zuverlässig und in allen Dingen angelegt; doch muß der Gedanke Liebe enthalten, um Lebenskraft zu haben. Liebe ist es, was dem Gedanken Lebenskraft verleiht und ihn keimen läßt. Das Gesetz der Anziehung oder das Gesetz der Liebe - sie sind einfach ein und dasselbe - werden ihm die Bestandteile zuführen, die für sein Wachstum und seine Reife notwendig sind.

Es ist ein Gesetz der negativen Kraft, daß Gleiches Gleiches anzieht. Alle Menschen, die materielle Lösungen für Fragen des Lebens suchen, ziehen einander an, während andere, die ein spirituelles Leben anstreben, sich ebenfalls anziehen. Niemand kann die spirituellen Dinge einem anderen erklären, der nur an den materiellen Dingen des Lebens interessiert ist. Man erntet großen spirituellen Vorteil, wenn man sich dorthin begibt, wo der Gewinn zu finden ist. Wenn man also über das Leben von spirituellen Giganten liest und ein friedliches Leben an einem Ort führt, wo die meisten Menschen spirituell ausgerichtet sind, wird man einen Zuwachs an Entfaltung erlangen. Man wird jedoch nichts erreichen, wenn man nicht regelmäßig seine spirituellen Übungen macht. Das versetzt einen in Regionen, in denen Spirit vorherrscht und befähigt einen somit, spirituelle Fortschritte zu machen.

Die erste Gestalt, die Gedanken annehmen, sind Sprache oder Worte. Das bestimmt die Bedeutsamkeit der Worte. Sie sind die erste Manifestation der Gedanken, die Gefäße, durch die sie sich mitteilen. Sie bemächtigen sich des Äthers, und indem sie diesen in Bewegung bringen, reproduzieren sie die Gedanken, die so in Gestalt des Tons für andere wahrnehmbar sind.

Ein Gedanke mag zu Handlungen jeglicher Art führen, aber wie auch immer die Handlung sei, sie ist einfach der Gedanke, der versucht, sich in sichtbarer Form auszudrükken. Eines ist darum offensichtlich: Wenn wir uns angenehme Umstände wünschen, können wir es uns nicht leisten, andere als angenehme Gedanken zu haben. Dies führt uns unweigerlich zu der Schlußfolgerung: Wenn wir uns ein Leben in Wohlstand wünschen, können wir es uns nicht erlauben, etwas anderes zu denken als: „Ich imaginiere mit Gefühl, daß ich nur Wohlstand um mich habe", und da Worte nur Gedanken sind, die Gestalt angenommen haben, müssen wir besonders darauf achten, nur eine konstruktive und harmonische Sprache zu wählen, die dann, wenn sie sich zu einer äußeren Form kristallisiert hat, sich nur zu unserem Vorteil auswirken wird.

Wir können uns der Einwirkung der Bilder, die wir dem Verstand ständig einprägen, nicht entziehen, und diese Einwirkung falscher Vorstellungen ist genau das, was durch den Gebrauch von Worten geschieht, wenn diese Worte nicht mit unserer Zielsetzung identisch sind. Wir manifestieren immer mehr Leben, je klarer unser Denken wird und je höher die Ebenen, auf denen es sich bewegt. Dies erreichen wir mit größerer Leichtigkeit, wenn wir Bilder benutzen, die klar umrissen und von den Vorstellungen befreit sind, die ihnen auf den niederen Gedankenebenen anhaften.

Wir müssen unsere Gedanken in Worten ausdrücken, und wenn es sich um höhere Wahrheiten handelt, dürfen wir nur solches Material benutzen, das mit Sorgfalt und Klugheit im Hinblick auf diesen Zweck gewählt wurde. Diese wunderbare Fähigkeit, Gedanken in Worte zu kleiden, unterscheidet den Menschen vom Tierreich. Durch den Gebrauch des geschriebenen Wortes wurde er in die Lage versetzt, über Jahrhunderte zurückzuschauen und die bewegenden Szenen zu sehen, die er auf dem Weg zur Gegenwart durchlaufen hat.

Es wurde ihm ermöglicht, eine Verbindung zu den größten Schriftstellern und Denkern aller Zeiten herzustellen, und die Sammlung von Aufzeichnungen, über die wir heute verfügen, ist daher ein Ausdruck universalen Denkens, wie es im Bewußtsein des Menschen Gestalt anzunehmen bestrebt war. Kein Mensch kann das Gesetz der Liebe außer acht lassen und erwarten, daß er selbst dann Liebe bekommt. Warum einige orthodoxe Religionen diese Tatsache dulden, ist völlig unverständlich für alle, die das spirituelle Gesetz kennen und es seinem tieferen Sinne entsprechend und buchstabengetreu beachten.

Wir wissen, daß das universale Denken die Schaffung von Form zum Ziel hat, und wir wissen, daß der individuelle Gedanke ebenfalls ständig versucht, sich in Form auszudrücken, und wir wissen, daß das Wort eine Gedankenform und der Satz eine Kombination von Gedankenformen ist. Wenn wir uns unser Ideal also schön und kraftvoll wünschen, müssen wir dafür sorgen, daß die Worte, aus denen dieser Tempel mit der Zeit geschaffen wird, genau sind und daß sie sorgfältig zusammengestellt werden, weil nämlich Genauigkeit bei der Bildung von Worten und Sätzen die höchste Form der Architektur in der Zivilisation und ein Passierschein zum Erfolg ist.

Worte sind Gedanken und sind daher eine unsichtbare und unbesiegbare Kraft, die sich schließlich in der Form manifestiert, die ihr gegeben wurde. Worte können mentale Paläste werden, die ewig leben, oder sie sind wie Spreu, welche die leichteste Brise davonträgt. Sie können vielleicht Auge und

134

auch Ohr erfreuen. Sie können möglicherweise alles Wissen enthalten. Wir finden in ihnen die Geschichte der Vergangenheit wie auch die Hoffnung für die Zukunft. Sie sind lebende Boten, aus denen jede menschliche und übermenschliche Aktivität geboren wird.

Die Schönheit des Wortes liegt in der Schönheit des Gedankens. Die Kraft des Wortes besteht in der Kraft des Gedankens, und die Kraft des Gedankens besteht in seiner Lebendigkeit. Wie können wir einen lebendigen Gedanken erkennen? Was sind seine herausragenden Merkmale? Er muß ein Prinzip haben. Wie sollen wir das Prinzip erkennen?

Es gibt ein Prinzip der Mathematik, aber es gibt kein Prinzip des Irrtums. Es gibt ein Prinzip der Gesundheit, aber keines der Krankheit. Es gibt ein Prinzip der Wahrheit, aber keines der Unredlichkeit. Es gibt ein Prinzip des Lichts, aber keines der Dunkelheit, und es gibt ein Prinzip der Fülle, aber keines der Armut. Wie können wir wissen, daß dies wahr ist? Weil wir dann, wenn wir die mathematischen Prinzipien richtig anwenden, der Ergebnisse sicher sein können. Wo es Gesundheit gibt, gibt es keine Krankheit. Wenn wir die Wahrheit kennen, können wir durch keinen Irrtum getäuscht werden. Wenn wir das Licht hereinlassen, gibt es keine Dunkelheit mehr, und wo es Fülle gibt, kann es keine Armut geben.

Dies sind Tatsachen, die sich von selbst verstehen, aber die wichtigste Wahrheit, daß ein gedankentragendes Prinzip lebendig ist und folglich Wurzeln schlägt und langsam, aber sicher negative Gedanken ersetzt, die aufgrund ihrer Natur keine Lebenskraft halten können, ist eine Wahrheit, die man anscheinend übersehen hat. Dies ist eine Wahrheit, die es dir ermöglichen wird, jede Art von Unstimmigkeit, Mangel und Begrenzung zu beseitigen.

Vereinfacht gesagt, vollzieht sich der Mechanismus der Liebe folgendermaßen: Der Gedanke ist ein Kanal für Emotionen, und er wird durch das Gesetz der Schwingung übertragen, genauso wie Licht oder Elektrizität. Aufgrund des Gesetzes der Liebe wird ihm durch die Emotionen Lebenskraft verliehen. Bedingt durch das Gesetz des Wachstums nimmt er Gestalt und Erscheinungsform an. Er ist ein Produkt der Seele, des wahren Selbst, und ist daher göttlicher, spiritueller und schöpferischer Natur.

Es steht außer Frage: *„Wer weise genug ist, zu verstehen"*, erkennt ohne weiteres, daß die kreative Kraft der Gedanken ihm eine unbesiegbare Waffe in die Hand gibt und ihn zum Meister seines Schicksals macht.

In der physischen Welt gibt es das Gesetz der Kompensation, das besagt, daß *„das Erscheinen einer bestimmten Menge an Energie an einer Stelle das Verschwinden der gleichen Menge an Energie an einer anderen Stelle bedeutet"*, und so sehen wir, daß wir nur das bekommen, was wir geben. Wenn wir uns zu einer bestimmten Handlung verpflichten, müssen wir bereit sein, die Verantwortung für die Auswirkung dieser Handlung zu tragen. Das Unterbewußtsein kann nicht urteilen. Es nimmt uns beim Wort. Wir haben um etwas gebeten, jetzt müssen wir es auch bekommen. Wir haben uns unser Bett bereitet, jetzt müssen wir auch darin liegen. Die Form ist gegossen; aus den Fäden wird das Muster gewoben, das wir entworfen haben.

Aus diesem Grund müssen wir Einsicht walten lassen, damit kein Gedanke, den wir hegen, einen mentalen, moralischen oder materiellen Keim in sich birgt, den wir in unserem Leben nicht verwirklicht sehen wollen. Einsicht ist eine Gabe des Verstandesbewußtseins, die es uns ermöglicht, Tatsachen und Umstände auf lange Sicht zu prüfen; sie ist eine Art menschliches Teleskop. Es befähigt uns, die Schwierigkeiten wie auch die Möglichkeiten eines jeden Unterfangens zu verstehen.

Einblick befähigt uns, auf die Hindernisse, denen wir begegnen, vorbereitet zu sein. Deshalb können wir sie überwinden, ehe sie auch nur Gelegenheit haben, Schwierigkeiten zu verursachen. Einblick ermöglicht es uns, vorteilhaft zu planen und unsere Gedanken und unsere Aufmerksamkeit in die richtige Richtung zu lenken und nicht in Kanäle, die unmöglich nutzbringend sein können. Darum ist Einsicht absolut notwendig für die Verwirklichung einer jeden großen Zielsetzung, aber mit ihr können wir uns jeden mentalen Bereich zu eigen machen, ihn erforschen und verfügbar machen. Einsicht ist ein Produkt der inneren Welt und wird in der Stille entwickelt - durch Konzentration.

Als Übung konzentriere dich auf Einsicht. Nimm deine gewohnte Position ein, und richte deine Gedanken auf die Tatsache, daß Wissen über die kreative Gedankenkraft nicht bedeutet, die Kunst des Denkens zu besitzen. Laß deine Gedanken auf der Tatsache verweilen, daß Wissen sich nicht selbst anwendet. Daß unser Handeln nicht durch Wissen bestimmt wird, sondern durch Sitten, Vorhergegangenes und Gewohnheit. Daß die einzige Weise, wie wir uns dazu bringen können, unser Wissen anzuwenden, in entschlossenem und bewußtem Bemühen besteht. Rufe dir die Tatsache ins Gedächtnis, daß ungenutztes Wissen aus dem Bewußtsein verschwindet, daß der Wert des Wissens in der Anwendung des Prinzips liegt. Verfolge diesen Gedankengang weiter, bis du genügend Einblick gewonnen hast, um ein bestimmtes

Programm zur Anwendung dieses Prinzips auf dein eigenes spezielles Problem aufzustellen.

Kapitel 16

Erfolg

Die Umstände, die wir in der äußeren Welt finden,
stimmen mit den Umständen überein, die wir in der
inneren Welt finden. Dies geschieht durch das Gesetz
der Anziehung. Wie nun wollen wir bestimmen, was
Einzug in die innere Welt halten soll?

Wohlstand ist das Ergebnis von schwerer Arbeit. Kapital ist eine Wirkung, keine Ursache; ein Diener, kein Meister; ein Mittel, kein Endzweck. Die am häufigsten akzeptierte Definition von Reichtum ist, daß alle nützlichen und angenehmen Dinge zu ihm gehören, die einen Austauschwert haben. Dieser Austauschwert ist die vorherrschende Eigenschaft von Reichtum. Wenn wir bedenken, in wie geringem Maße Reichtum zum Glück des Besitzers beiträgt, lernen wir, daß sein wahrer Wert nicht in seinem Nutzen besteht, sondern in seinem Austauschwert. Dieser Austauschwert macht ihn zu einem Mittel für die Beschaffung von Dingen, die wirklichen Wert haben, mit deren Hilfe unsere Ideale sich verwirklichen können.

Reichtum sollte man demnach nie als Endziel anstreben, sondern einfach nur als ein Mittel für die Erreichung eines Ziels. Erfolg hängt von einem höheren Ideal ab als der bloßen Ansammlung von Reichtümern, und wer solchen Erfolg anstrebt, muß ein Ideal formulieren, das er anstreben will. Wenn man ein solches Ideal im Sinn hat, können und werden sich Mittel und Wege finden, aber man sollte nicht den Fehler machen, das Mittel an die Stelle des Endzwecks zu setzen.

Es muß ein ganz bestimmtes, festgelegtes Ziel, eine Idee, sein.

Prentice Mulford sagte: „*Der erfolgreiche Mensch ist ein Mensch, der über größte spirituelle Erkenntnis verfügt, und jedes große Vermögen erwächst aus einer überlegenen und wahrhaft spirituellen Kraft.*" Leider gibt es Menschen, denen es nicht gelingt, diese Kraft zu erkennen. Sie vergessen, daß Andrew Carnegies Mutter mit zum Unterhalt der Familie hatte beitragen müssen, als die Familie nach Amerika kam; daß Harrimans Vater ein armer Geistlicher war mit einem Jahresgehalt von nur $ 200 pro Jahr; daß Sir Thomas Lipton mit nur 25 cent anfing. Diese Menschen hatten sonst zu keiner anderen Macht Zugang, aber sie ließ sie nicht im Stich.

Die Fähigkeit zu kreieren hängt ganz und gar von spiritueller Kraft ab. Dazu gehören drei Schritte: Idealisierung, Visualisierung und Materialisierung. Jeder Industriekapitän verläßt sich ausschließlich auf diese Kraft. In einem Artikel in *Everybodys Magazine* verriet Henry M. Flagler, der Multimillionär von Standard Oil, daß das Geheimnis seines Erfolges darin liege, eine Sache in ihrer Vollständigkeit zu sehen. Die folgende Unterhaltung mit dem Reporter demonstriert seine Fähigkeit der Idealisierung, Konzentration und Visualisierung, die alle spirituelle Fähigkeiten sind.

„*Haben Sie sich die ganze Sache tatsächlich ausgemalt? Was ich meine, haben Sie tatsächlich ihre Augen geschlossen und die Schienen gesehen? Waren Sie dazu in der Lage? Und sahen Sie die Züge fahren? Und hörten Sie die Dampfpfeifen? Sind Sie so weit ins Detail gegangen?*"
„*Ja.*"
„*Wie deutlich?*"
„*Sehr deutlich.*"

Hier haben wir eine Vorstellung von diesem Gesetz. Wir sehen „Ursache und Wirkung", wir sehen, daß Denken notwendigerweise einer Handlung vorausgeht und sie bestimmt. Wenn wir klug sind, werden wir uns der überwältigenden Tatsache bewußt, daß ein willkürlicher Zustand keinen Augenblick lang bestehen kann, und daß die menschliche Erfahrung vielmehr das Ergebnis eines geordneten und harmonischen Ablaufs ist.

Der erfolgreiche Geschäftsmann ist meistens ein Idealist und strebt immer noch höhere Maßstäbe an. Die subtilen Kräfte der Gedanken, wie sie sich in unseren täglichen Stimmungen herauskristallisieren, machen das Leben aus. Die Gedanken sind der formbare Stoff, aus dem wir die Bilder dieser wachsenden Vorstellung vom Leben schaffen. Umsetzung bestimmt ihre Existenz. Wie bei allen anderen Dingen ist auch hier die Fähigkeit, das zu erkennen und richtig anzuwenden, die notwendige Voraussetzung für den Erfolg.

Zu schnell erworbene Kapitalkraft ist einer der Vorboten von Niederlage und Mißgeschick, weil wir etwas, was uns nicht zusteht und was wir nicht verdient haben, nicht auf Dauer halten können. Die Umstände, die wir in der äußeren Welt vorfinden, entsprechen denen, die wir in der inneren Welt finden. Dies geschieht durch das Gesetz der Anziehung. Wie nun sollen wir also bestimmen, was Einzug in die innere Welt halten soll?

Gewohnheiten, die dem Körper in der Vergangenheit geschadet haben, muß man aufgeben. Wir sehen, daß Menschen, die standhaft an Selbstdisziplin festhalten, um spirituelle Gesetze zu befolgen, die Auswirkungen in Form von körperlicher und geistiger Gesundheit genießen werden. Kein Mensch in diesem Universum der Materie kann auf

Dauer die Gesetze dieser Welt außer acht lassen und erwarten, sich guter Gesundheit zu erfreuen.

Alle Eindrücke, die das Bewußtsein durch die Sinne und den Verstand aufnimmt, hinterlassen einen Eindruck im Bewußtsein, und als Ergebnis entstehen mentale Bilder, die zum Muster für schöpferische Energien werden. Diese Erfahrungen sind weitgehend das Ergebnis von Umwelt, Zufall, bisherigem Denken und anderen Arten negativen Denkens, und sie müssen einer sorgfältigen Analyse unterzogen werden, ehe man sie sich zu eigen macht. Andererseits können wir dank unseres eigenen Innenlebens unabhängig von jeglicher Umgebung unsere eigenen mentalen Bilder formen, und indem wir uns diese Kraft zunutze machen, können wir unser eigenes Schicksal bestimmen, unseren Körper, unseren Verstand und unsere Seele in der Hand haben.

Wenn wir uns dieser Kraft bedienen, nehmen wir dem Zufall unsere Geschicke aus der Hand und erschaffen uns bewußt die gewünschten Erfahrungen selbst; erkennen wir nämlich einen Zustand bewußt, wird sich dieser Zustand schließlich in unserem Leben verwirklichen. Darum ist offenbar, daß Denken letztendlich die eine große Ursache im Leben ist.

Gedankenkontrolle bedeutet somit Beherrschung von Umständen, Zuständen, Umgebung und Schicksal. Wie also sollen wir das Denken lenken? Wie läuft der Prozeß ab? Denken bedeutet, einen Gedanken ins Leben zu rufen, aber das Ergebnis des Gedankens wird von seiner Art, seiner Qualität und seiner Lebenskraft abhängen. Die Form wird von dem mentalen Bild abhängen, von dem sie ausgeht. Das Bild wiederum wird von der Stärke des Eindrucks abhängen, von der Dominanz der Idee, der Klarheit der Vision und der Kühnheit des Bildes.

Die Qualität des Bildes hängt von seinem Gehalt ab, dieser wiederum von dem Stoff, aus dem sich das Verstandesbewußtsein zusammensetzt. Besteht dieser Stoff aus Gedanken der Lebenskraft, der Stärke, des Muts und der Entschlossenheit, wird der Gedanke diese Eigenschaften besitzen. Und die Vitalität des Gedankens hängt schließlich vom Gefühl ab, das ihn durchdringt. Ist der Gedanke aufbauend, dann wird er Vitalität besitzen; dann wird er voller Leben sein; er wird wachsen, sich entwickeln und sich ausweiten, und er wird schöpferisch sein; er wird alles an sich ziehen, was für seine vollendete Entfaltung notwendig ist.

Kurz gesagt, das Gesetz der Einstellung sieht folgendermaßen aus: Das korrigierte Gefühl und die korrigierten Bilder sind es, die du ständig im Kopf haben mußt. Wenn du beschließt, ein Foto zu machen - nehmen wir mal an, von einem Baum - und dies dann auch tust, siehst du den abgebildeten Baum im Bildsucher. Wenn du nach einigen Tagen die Bilder vom Fotogeschäft zurückbekommst, bist du nicht überrascht, daß es wirklich das Bild des Baumes ist, den du fotografiert hast.

Wenn ein Gedanke zerstörerisch ist, wird er den Keim seiner eigenen Auflösung in sich tragen. Er wird sterben, aber den Prozeß seines Sterbens werden Krankheit, Leiden und jede Art des Mißklangs begleiten. Das nennen wir „böse"; und obwohl wir uns das selbst zuziehen, neigen einige von uns dazu, diese Schwierigkeiten einem höheren Wesen anzulasten, doch dieses höhere Wesen ist einfach das Verstandesbewußtsein im Gleichgewicht.

Ein Gedanke ist weder gut noch schlecht, er existiert einfach. Unsere Fähigkeit, ihn in Form umzusetzen, ist unsere Fähigkeit, Gut oder Böse zu manifestieren. Gut und Böse sind also keine Wesenheiten, sondern sind einfach nur Worte, die wir gebrauchen, um die Auswirkungen unserer Handlungen zu bezeichnen, und diese Handlungen werden ihrerseits von der Art unseres Denkens vorbestimmt. Wenn unser Denken konstruktiv und harmonisch ist, manifestieren wir Gutes. Wenn es destruktiv und unharmonisch ist, manifestieren wir Böses.

Wenn du den Wunsch verspürst, eine andere Umgebung zu visualisieren, gehst du einfach so vor: Du hältst dir das Ideal vor Augen, bis die Vision Realität geworden ist. Mache dir keine Gedanken über Personen, Orte oder Dinge. Die gibt es im Absoluten nicht. Die Umgebung, die du dir wünschst, wird alles Notwendige enthalten - die richtigen Personen und die richtigen Dinge werden zur rechten Zeit und am rechten Ort erscheinen.

Manchmal ist es nicht leicht einsichtig, wie man Charakter, Fähigkeit, Vollendung, Fertigkeiten, Umgebung und Schicksal durch die Fähigkeit des Visualisierens bestimmen kann, aber es ist eine exakte wissenschaftliche Tatsache. Du wirst ohne weiteres erkennen, daß das, was wir denken, die Beschaffenheit unseres Verstandesbewußtseins bestimmt und daß die Beschaffenheit unseres Verstandes wiederum unsere Fähigkeiten und mentale Kapazität festlegt; und dir wird ohne weiteres klar sein, daß die Verbesserung unserer Fähigkeiten ganz natürlich zu größerem Erfolg und einer besseren Beherrschung von Umständen führt.

Es wird somit einsichtig, daß Naturgesetze auf vollkommen natürliche und harmonische Weise zusammenwirken. Alles scheint sich „einfach zu ergeben". Wenn du einen Beweis für diese Tatsache brauchst, vergleiche einfach, was bei deinen Bemühungen in deinem eigenen Leben herauskommt, wenn die Beweggründe für deine Handlungen hohe Ideale waren und wenn du dagegen durch selbstsüchtige Beweg-

144

gründe oder Hintergedanken motiviert wurdest. Weitere Beweise brauchst du nicht. Wenn du irgendeinen Wunsch verwirklichen möchtest, baue dir in Gedanken ein mentales Bild von Erfolg, indem du deinen Wunsch bewußt visualisierst. Auf diese Weise wirst du den Erfolg unwiderstehlich herbeiführen. Du wirst ihn mit wissenschaftlichen Methoden im Äußeren deines Lebens umsetzen.

Wirksame, grundlegende Gesetze des Verstandes, mit denen wir uns befassen müssen, um Gedankenkontrolle zu erlernen und zu verstehen, sind:

1) Nichts kann existieren außer in Beziehung zu seinem Gegenteil.

2) Positives wandelt sich fortwährend in Negatives um, und entsprechend befindet sich Negatives in einem ständigen Umwandlungsprozeß zum Positiven hin.

Der Verstand ist nur ein Werkzeug, das dem Körper in den niederen Welten unterhalb des Seelenbereichs beigegeben wurde, um der Seele einen gewissen äußeren Schutz zu geben und um in Übereinstimmung mit dem göttlichen Gesetz das Mittel zu sein, mit dessen Hilfe sie zu ihrer wahren Heimat geleitet wird.

Wir können nur sehen, was in der objektiven Welt bereits besteht, aber was wir visualisieren, besteht bereits in der spirituellen Welt, und diese Visualisierung ist ein greifbarer Beweis dessen, was eines Tages in der objektiven Welt erscheinen wird, wenn wir unserem Ideal treu bleiben. Die Ursache dafür ist nicht schwer zu verstehen. Visualisieren ist eine Form der Imagination. Der Denkvorgang prägt dem Verstand etwas ein, und diese Prägungen bilden ihrerseits Konzepte und Ideale, und diese wiederum sind die Pläne, nach denen der Innere Meister, der Meisterarchitekt, die Zukunft weben wird.

Psychologen sind zu dem Schluß gekommen, daß es nur einen Sinn gibt, und zwar das Fühlen, und daß alle anderen Sinne nur Modifikationen dieses einen Sinnes seien. Da dies stimmt, wissen wir, warum Fühlen der eigentliche Urquell der Kraft ist und warum Emotionen so leicht die Oberhand über den Intellekt gewinnen, und warum wir unsere Gedanken in Gefühle kleiden müssen, wenn wir uns Ergebnisse wünschen. Gedanken und Gefühle sind eine unwiderstehliche Kombination.

Visualisierung muß natürlich durch den Willen gelenkt werden. Wir müssen genau das visualisieren, was wir uns wünschen. Wir müssen nur darauf achten, daß die Imagination nicht mit uns durchgeht. Die Imagination ist ein guter Diener, aber ein schlechter Meister, und wenn sie nicht unter Kontrolle ist, könnte sie uns zu allen möglichen Spekulationen und Schlußfolgerungen verleiten, die jeglicher Basis und Tatsache entbehren. Es besteht dann die Tendenz, jede einigermaßen plausible Meinung leicht und ohne jegliche analytische Überprüfung anzunehmen, und das zwangsläufige Ergebnis wäre mentales Chaos.

Daher dürfen wir nur solche mentalen Bilder schaffen, von denen wir wissen, daß sie wissenschaftlich gesehen Wahrheitsgehalt besitzen. Unterziehe jede Idee einer gründlichen Überprüfung und akzeptiere nichts, was nicht in wissenschaftlicher Hinsicht exakt ist. Wenn du das tust, wirst du nur solche Dinge in Angriff nehmen, von denen du weißt, daß du sie durchführen kannst, und deine Bemühungen werden von Erfolg gekrönt sein. Geschäftsleute nennen das Scharfblick. Das ist so ziemlich das gleiche wie Einsicht, und dies ist eines der großen Geheimnisse des Erfolgs bei wichtigen Unternehmungen.

Als Übung versuche, dir die wichtige Tatsache klarzumachen, daß Harmonie und Glück Bewußtseinszustände sind und daß sie nicht von Besitztümern abhängig sind; daß Besitztümer Wirkungen sind und als Folge eines richtigen mentalen Zustands erscheinen. Wenn wir uns irgendeinen materiellen Besitz wünschen, sollte unser Hauptanliegen also sein, uns die geistige Haltung anzueignen, die das gewünschte Ergebnis zustande bringt.

Diese geistige Einstellung kommt dadurch zustande, daß wir uns unserer spirituellen Natur bewußt und unserer Einheit mit dem Universalen Bewußtsein gewahr werden, das die Substanz aller Dinge ist. Diese Erkenntnis wird alles zustande bringen, was unsere Freude vollkommen macht. Darauf beruht wissenschaftliches und richtiges Denken. Wenn es uns gelingt, diese geistige Einstellung zu erreichen, wird es verhältnismäßig leicht sein, unseren Wunsch als bereits bestehende Tatsache zu verwirklichen. Wenn wir das können, haben wir die „Wahrheit" gefunden, und das „befreit" uns von Mangel und Beschränkung jeder Art.

*„Ein Mensch mag einen Stern gestalten und ihn
in Bewegung setzen, so daß er in seiner Umlaufbahn
kreisen kann, und dennoch vor Gott keine so denk-
würdige Tat vollbracht haben wie der Mensch, der
einen rundum goldenen Gedanken durch Menschen-
alter hindurch kreisen läßt."*

H. W. Beecher

Kapitel 17

Intuition

*Intuition löst oft Probleme, die sich unserem Urteils-
vermögen entziehen. Intuition stellt sich oft mit einer
Plötzlichkeit ein, die einen überrascht. Sie enthüllt
die Wahrheit, nach der wir suchen.*

Man sagt, der Mensch sei der „Herr aller Dinge". Diese Herrschaft übt er mit Hilfe des Verstandes aus. Das Denken ist die Aktivität, die jedes unter ihm existierende Prinzip beherrscht. Aufgrund seiner hervorragenden Substanz und seiner Eigenschaften bestimmt das höchste Prinzip notwendigerweise die Umstände, die Aspekte und die Beziehung bei allem, womit es in Berührung kommt. Die Schwingungen der mentalen Kräfte sind die feinsten und folglich die stärksten, die es gibt. Wer die Beschaffenheit und die Überlegenheit der mentalen Kraft wahrnimmt, für den versinkt alle materielle Kraft in Bedeutungslosigkeit.

Wir sind daran gewöhnt, das Universum durch die Brille der fünf Sinne zu betrachten, und nur mit Hilfe spiritueller Einsicht gewinnen wir aus diesen Erfahrungen unsere menschlichen Vorstellungen. Diese Einsicht setzt die Beschleunigung der Vibrationen des mentalen Bewußtseins voraus, und sie stellt sich nur ein, wenn dieses Bewußtsein beständig auf ein bestimmtes Ziel gerichtet ist.

Fortdauernde Konzentration bedeutet einen nicht einheitlich verlaufenden, ununterbrochenen Gedankenstrom, und sie ist das Ergebnis von Geduld und Ausdauer und eines gut organisierten Systems. Große Entdeckungen sind das Ergebnis unablässiger Forschung. Das Studium der Mathematik erfordert Jahre konzentrierten Bemühens, um sie zu meistern, und die größte der Wissenschaften, die des Geistes, enthüllt sich nur nach konzentriertem Bemühen.

Konzentration wird vielfach mißverstanden. Man scheint mit ihr Begriffe wie Bemühen und Aktivität zu verbinden, wo doch genau das Gegenteil notwendig ist. Die Größe eines Schauspielers beruht auf der Tatsache, daß er sich selbst bei der Darstellung eines Bühnenhelden vergißt und sich restlos mit ihm identifiziert, um die Zuschauer durch den Realismus seiner Darstellung mitzureißen. Das vermittelt dir eine gute Vorstellung von wahrer Konzentration. Du solltest so interessiert an deinem Gedankengang sein, so versunken in dein Vorhaben, daß du an nichts anderes denkst. Solche Konzentration führt zu intuitiver Wahrnehmung und unmittelbarem Einblick in das Wesen der Sache, auf die du dich konzentrierst.

Alles Wissen ist das Ergebnis derartiger Konzentration. Auf diese Weise sind Himmel und Erde ihre Geheimnisse abgerungen worden. Auf diese Weise wird der Verstand zum Magneten, und das Verlangen nach Wissen zieht Wissen an, zieht es unwiderstehlich an und macht es zu deinem Eigentum.

Das Verlangen des Menschen ist im wesentlichen unterbewußt; mit bewußtem Verlangen erreicht er selten sein Ziel, wenn es außerhalb des unmittelbaren Zugriffs liegt. Unterbewußtes Verlangen erweckt die latenten Fähigkeiten des Bewußtseins, und schwierige Probleme scheinen sich von selbst zu lösen. Durch Konzentration können wir das Unterbewußtsein erwecken, es in jede Richtung aktivieren und es dazu bringen, uns zu jedem Zweck dienlich zu sein. Die Ausübung der Konzentration setzt die Beherrschung des physischen, mentalen und psychischen Bereichs deines Wesens voraus. Jeder Modus des Bewußtseins, sei es der physische, der mentale oder der psychische, muß unter Kontrolle sein.

Spirituelle Wahrheit ist darum das beherrschende Element. Sie wird es dir ermöglichen, über einen begrenzten Zustand hinauszuwachsen und einen Punkt zu erreichen, wo du Art und Weise des Denkens in den Charakter und das Bewußtsein übertragen kannst.

Konzentration bedeutet nicht nur, Gedanken zu haben, sondern diese Gedanken in praktische Werte umzuwandeln. Der Durchschnittsmensch hat keine reche Vorstellung von der Bedeutsamkeit der Konzentration. Es gibt immer das Geschrei nach „haben" aber niemals das Geschrei nach „sein". Sie verstehen nicht, daß sie das eine nicht ohne das andere haben können; daß sie erst das „Königreich" finden müssen, ehe sie die „dazugehörigen Dinge" haben können. Augenblicklicher Enthusiasmus ist wertlos. Nur durch grenzenloses Selbstvertrauen kann man das Ziel erreichen.

Der Verstand mag das Ideal ein wenig zu hoch ansetzen und den Zielpunkt verfehlen. Er mag sich auf ungeübten Schwingen erheben, und dann statt zu fliegen, auf die Erde stürzen; doch das ist kein Grund, es nicht noch einmal zu versuchen. Schwäche ist das einzige Hindernis auf dem Weg zu geistiger Vollendung. Schreibe deine Schwäche körperlichen Hindernissen zu oder einer Unsicherheit in geistiger Hinsicht, und versuche es noch einmal. Leichtigkeit und Perfektion stellen sich durch wiederholtes Bemühen ein.

Der Astronom konzentriert sein Bewußtsein auf die Sterne, und sie geben ihre Geheimnisse preis. Der Geologe konzentriert sein Bewußtsein auf den Aufbau der Erde; wir nennen das Geologie; und so ist es mit allen Dingen. Menschen konzentrieren sich auf Probleme des Lebens, und das Ergebnis wird in dem gewaltigen und komplexen sozialen Gefüge der heutigen Zeit offenbar.

Alle Entdeckungen und Errungenschaften sind das Ergebnis von Verlangen plus Konzentration. Verlangen ist die stärkste Triebkraft. Je beharrlicher der Wunsch, um so größer die Entdeckung. Konzentration, durch Verlangen unterstützt, wird der Natur jedes Geheimnis abringen. Wenn man große Gedanken hegt und große Emotionen erlebt, die mit ihnen einhergehen, ist das Bewußtsein in einem Zustand, wo es höhere Dinge zu schätzen vermag.

Intensive Konzentration während nur eines Augenblicks, verbunden mit der starken Sehnsucht zu werden und zu erreichen, kann dich vielleicht weiter bringen als jahrelanges langsames, gezwungenes Bemühen. Dadurch werden die Gefängnisgitter des Zweifelns, der Schwäche, der Ohnmacht und der Herabsetzung deiner selbst aus dem Weg geräumt, und du wirst die Freude erleben, etwas bewältigt zu haben.

Den Schwung von Initiative und Ursprünglichkeit entwickelt man durch Beharrlichkeit und fortgesetztes geistiges Bemühen. Im Geschäftsleben lernt man die Bedeutung der Konzentration kennen und den Mut zu Entscheidungen, die Charakterstärke erfordern. Hier entwickelt man Verständnis für die Praxis und lernt, schnell Schlüsse zu ziehen. Bei jeder geschäftlichen Unternehmung dominiert das geistige Element als Kontrollfaktor, und das Verlangen ist die treibende Kraft. Alle Geschäftsverbindungen stellen die äußere Verkörperung von Verlangen dar.

Viele der starken und wertvollen Tugenden entwickeln sich bei der Beschäftigung im Geschäftsbereich. Der Verstand wird gefestigt und zielgerichtet; er funktioniert leistungsfähiger. Die Hauptvoraussetzung ist, den Verstand so zu stärken, daß er über Ablenkungen und launenhafte Anwandlungen der instinktiven Seite des Lebens die Oberhand gewinnt und so mit Erfolg den Konflikt zwischen dem höheren und dem niederen Selbst bewältigt.

Wir alle sind Dynamos, aber der Dynamo allein ist nichts. Der Verstand muß den Dynamo antreiben, dann ist er nützlich, und seine Energie kann gezielt ausgerichtet werden. Der Verstand ist eine Maschine, deren Kraft sich nicht einmal erträumen läßt. Das Denken ist eine allumfassende Arbeitskraft. Es ist der Herrscher und Schöpfer aller Form und aller Ereignisse, die in einer Form auftreten. Physische Energie ist nichts im Vergleich mit der Allmacht des Denkens, weil es den Menschen dazu befähigt, alle übrige natürliche Kraft miteinzuspannen.

Schwingung ist eine Aktivität des Denkens. Schwingung greift nach dem Material, das zum Konstruieren und Bauen erforderlich ist, und zieht es an. Über die Kraft des Denkens gibt es kein Geheimnis. Konzentration beinhaltet einfach, daß man Bewußtsein bis zu dem Punkt fokussieren kann, wo es sich mit dem Gegenstand seiner Aufmerksamkeit identifiziert. Genauso wie resorbierte Nahrung die Essenz des Körpers ist, absorbiert das Bewußtsein den Gegenstand seiner Aufmerksamkeit, verleiht ihm Leben und Sein. Wenn man sich auf eine wichtige Angelegenheit konzentriert, wird die intuitive Kraft in Gang gesetzt, und Hilfe kommt in Form von Information, die zum Erfolg führt.

Die Intuition zieht Schlußfolgerungen ohne Hilfe von Erfahrung oder Gedächtnis. Die Intuition löst oft Probleme, die sich unserem Urteilsvermögen entziehen. Die Intuition stellt sich oft mit einer Plötzlichkeit ein, die einen überrascht. Sie enthüllt die Wahrheit, nach der wir suchen, so direkt, daß sie von einer höheren Macht zu kommen scheint. Die Intuition kann man pflegen und entwickeln. Um das zu tun, muß man sie erkennen und zu schätzen wissen. Wenn die Intuition uns besucht und wir ihr bei ihrer Ankunft ein königliches Willkommen bereiten, wird sie wiederkommen. Je herzlicher der Empfang, um so häufiger werden ihre Besuche; wenn man sie jedoch ignoriert oder vernachlässigt, werden ihre Besuche selten und in größeren Zeitabständen erfolgen.

Intuition tritt gewöhnlich in der Stille auf. Große Geister suchen häufig die Abgeschiedenheit. Hier werden alle größeren Lebensprobleme gelöst. Aus diesem Grund hat jeder Geschäftsmann, wenn er es sich leisten kann, sein eigenes Büro, wo er nicht gestört werden kann. Kannst du dir kein eigenes Büro leisten, so kannst du dich zumindest einige Minuten pro Tag irgendwo allein in Gedankengängen trainieren, durch die du unbesiegbare Kraft zu entwickeln vermagst, die man ja unbedingt erreichen muß.

Bedenke, daß das Unterbewußtsein grundsätzlich allmächtig ist. Wenn man ihm Handlungsfreiheit läßt, sind den Dingen, die es erreichen kann, keine Grenzen gesetzt. Das Ausmaß deines Erfolges wird bestimmt durch die Art deines Wunsches. Wenn die Art deines Wunsches mit dem Naturgesetz oder dem Universalen Bewußtsein harmoniert, wird es den Verstand allmählich befreien und dir unüberwindlichen Mut geben.

Jedes überwundene Hindernis, jeder errungene Sieg werden dein Vertrauen zum Inneren Meister und deine Fähigkeit stärken, und deine Siegeschancen werden größer sein. Deine Kraft wird durch deine mentale Einstellung bestimmt. Wenn sie erfolgsorientiert ist und du mit unerschütterlicher Zielbewußtheit an ihr festhältst, wirst du aus dem Bereich des Unsichtbaren alle die Dinge anziehen, die du ohne Worte anforderst.

Behältst du den Gedanken im Bewußtsein, dann wird er allmählich greifbare Form annehmen. Eine klare Zielsetzung bringt Ursachen in Bewegung, die sich in die unsichtbare Welt hinausbewegen und das Material finden, das deinem Zweck dient. Du magst hinter den Symbolen der Macht her sein statt hinter der eigentlichen Macht. Du magst hinter Ruhm her sein statt hinter Ehre, hinter Reichtümern statt hinter Fülle, hinter einer Position statt hinter dem Dienen. In jedem Fall wirst du feststellen, daß diese Dinge in dem Augenblick zu Asche zerfallen, wo du sie erlangt hast. Vorzeitig erlangter Reichtum und eine verfrühte Machtposition kann man nicht halten, weil sie nicht verdient worden sind. Wir bekommen nur das, was wir geben, und alle, die etwas zu bekommen versuchen, ohne etwas gegeben zu haben, werden immer herausfinden, daß das Gesetz der Kompensation unbarmherzig ein exaktes Gleichgewicht herstellen wird.

Wenn du feststellst, daß jemand deine Liebe ausnützt, ziehe dich diskret zurück. Laß ihn seine eigene Lektion lernen. Kein Maß an Liebe, das irgend jemand ihm geben könnte, wird ihm helfen. Doch du mußt dem Gesetz gehorchen und allen unpersönliche Liebe geben. Trage niemandem etwas nach. Behalte allen gegenüber eine neutrale Einstellung. Wenn du wahllos Liebe gibst, wird die Welt dich bald lehren, daß das falsch ist. Die Lektionen, die du lernst, werden viel wertvoller sein, als du denkst, und bald wird das Gesetz dir die Erkenntnis vermitteln, daß du am besten nur die liebst, die dich auch lieben. Liebe sie mit jeder Faser deines Herzens.

Im allgemeinen gilt die Jagd dem Geld und anderen bloßen Symbolen der Macht, aber wenn wir die wahre Quelle der Macht erfaßt haben, können wir es uns leisten, die Symbole außer acht zu lassen. Der Mensch, der über ein großes Bankguthaben verfügt, hält es für unnötig, sich die Taschen mit Gold vollzustopfen. Dasselbe gilt für den Menschen, der die wahre Quelle der Macht gefunden hat. Schein und Protz interessieren ihn nicht mehr.

Das Denken ist normalerweise nach außen und auf Evolution gerichtet; aber man kann es auch nach innen richten, wo man die Grundprinzipien der Dinge erfaßt, das Herz der Dinge, den spirituellen Gehalt der Dinge. Wenn man zum Herzen einer Sache vordringt, ist es vergleichsweise einfach, sie zu verstehen und zu beherrschen. Der Grund dafür ist, daß der spirituelle Gehalt einer Sache die Sache selbst ist, ihr wesentlicher Teil und ihre wahre Substanz. Die Form ist nur die äußere Manifestation des spirituellen Vorgangs im Innern.

Bei der folgenden Übung halte dich bei der Konzentration so genau wie möglich an die in dieser Lektion umrissene Methode. Es soll kein bewußtes Bemühen und keine Aktivität mit Blick auf dein Ziel sein. Entspanne dich völlig, vermeide jeden ängstlichen Gedanken an das, was dabei herauskommen könnte. Denke daran, Kraft kommt durch Ruhe. Laß dein Denken auf deinem Ziel ruhen, bis es völlig mit ihm identifiziert ist und du an nichts anderes mehr denkst.

Willst du Furcht beseitigen, konzentriere dich auf Mut; willst du Mangel beseitigen, konzentriere dich auf Fülle; willst du Krankheit beseitigen, konzentriere dich auf Gesundheit.

Konzentriere dich immer auf das Ideal, als sei es eine bereits bestehende Tatsache. Dies ist das Lebensprinzip, das erscheint, in jene Ursachen eintaucht und eins mit ihnen wird;

es setzt die Ursachen in Gang, welche die notwendigen Beziehungen lenken, dirigieren und zustande bringen, die sich schließlich in einer Form manifestieren.

„Der Gedanke ist Besitz derer, die ihn hegen können."

Emerson

Kapitel 18

Das unsichtbare Band

Der einzige Glaube, der überhaupt einen Wert für einen hat, ist jener, der einer Prüfung unterzogen wurde und sich als Tatsache erwiesen hat. Dann ist er kein Glaube mehr, sondern ist lebendige Überzeugung oder Wahrheit geworden.

In der Welt vollzieht sich ein Wandel im Denken. Dieser Wandel geht mitten unter uns in aller Stille vor sich und ist wichtiger als irgendein anderer Wandel, den die Welt seit dem Niedergang des Heidentums erlebt hat. Die augenblickliche Revolution in der Einstellung aller Gesellschaftsklassen, die der hochgestellten und hochkultivierten Menschen wie auch der arbeitenden Klassen, kennt nicht ihresgleichen in der Geschichte der Welt.

Die Wissenschaft hat in jüngster Zeit solch überwältigende Entdeckungen gemacht, solch eine Vielzahl von Ressourcen entdeckt, so gewaltige Möglichkeiten und so unerwartete Kräfte eröffnet, daß Wissenschaftler in zunehmendem Maße zögern, bestimmte Theorien als gegeben und einzigartig zu bestätigen oder andere Theorien als absurd oder unmöglich zu verwerfen.

Eine neue Zivilisation wird geboren. Gewohnheiten, Glaubensbekenntnisse und Vergangenes überleben sich. Weitblick, Vertrauen und Dienen treten an ihre Stelle. Die Fesseln der Tradition schmelzen von der Menschheit ab, und während die Schlacke des Materialismus sich aufzehrt, wird das Denken befreit, und die Wahrheit bietet sich in ihrem ganzen Umfang den Blicken der erstaunten Massen dar. Die ganze Welt steht am Rande eines neuen Bewußtseins, einer neuen Kraft und einer neuen inneren Selbsterkenntnis.

Die Naturwissenschaften haben Materie in Moleküle, Moleküle in Atome zerlegt, Atome in Energie umgewandelt, und Sir Ambrose Fleming löste diese Energie in Geist auf. Er behauptete: *„In ihrem innersten Wesen mag Energie für uns unerfaßbar sein, es sei denn als Ausdruck des unmittelbaren Wirkens dessen, was wir als Geist oder Willen bezeichnen."*

Dieser Geist wohnt im Inneren und ist das Allerhöchste. Er ist der Materie wie auch dem Spirit immanent. Er ist der erhaltende, energetisierende, alles durchdringende Spirit des Universums. Alles Leben muß von dieser allmächtigen Intelligenz erhalten werden, und wir stellen fest, daß der Unterschied im Leben des einzelnen weitgehend am Grad dieser Intelligenz gemessen wird, die er manifestiert. Höhere Intelligenz siedelt das Tier auf einer höheren Stufe an als die Pflanze und den Menschen auf einer höheren als das Tier. Anzeichen dieser erhöhten Intelligenz im Menschen begegnen wir wiederum in seiner Fähigkeit, Herr über sein Handeln zu sein und sich somit bewußt seiner Umgebung anzupassen.

Diese Anpassung nimmt die Aufmerksamkeit der größten Genies in Anspruch, und sie ist nichts weiter als die Wahrnehmung einer bestehenden Ordnung im Universalen Bewußtsein, denn es ist wohl bekannt, daß dieses Bewußtsein uns in genau dem Maße gehorchen wird, wie wir zunächst ihm gehorchen.

Ich bekomme häufig Post von Menschen, die sich bei dem Versuch, die Gesetze der Materie und des Spirit zu verbinden, Probleme eingehandelt haben. Sie befinden sich wegen ihrer

Lebenssituation in einer schrecklichen Zwangslage und suchen verzweifelt nach einem Ausweg aus ihren Schwierigkeiten. Sie haben viele Bücher gelesen, an vielen Kursen aus dem metaphysischen Bereich teilgenommen und bei Dutzenden von Lehrern Unterricht genommen Und doch besteht das Problem unverändert fort. Warum greift Gott nicht in ihr Leben ein und regelt ihre Angelegenheiten so, wie sie es von ihm erwarten?

Erstens erwarten sie, sich mit Hilfe von Bücherwissen oder mentalem Wissen oberhalb des Gesetzes der physischen Welt zu verankern, und zweitens erwarten sie, Gott vorschreiben zu können, in welcher Weise er sich um ihre Angelegenheiten kümmern sollte. Was hier nicht stimmt, ist, daß niemand die Gesetze der Natur mißachten und ungestraft davonkommen kann. Es ist genauso, als würde man die Verkehrsregeln außer acht lassen, ohne sie überhaupt zu kennen. Unwissenheit über die Regeln ist keine Entschuldigung. Wir zahlen die Strafe trotzdem.

Das Wissen über die Naturgesetze hat uns in die Lage versetzt, Raum und Zeit zu überwinden, uns in die Lüfte aufzuschwingen, Eisen schwimmen zu lassen; und je größer der Grad unserer Intelligenz ist, um so tiefer wird unsere Erkenntnis über diese Naturgesetze sein und um so größer die Fähigkeiten, die wir uns aneignen können. Unsere Erkenntnis, daß das Selbst eine Individualisierung dieser universalen Intelligenz ist, befähigt den einzelnen, jene Formen von Intelligenz zu beherrschen, die diese Stufe der Selbsterkenntnis noch nicht erreicht haben. Diese Formen wissen noch nicht, daß diese universale Intelligenz alle Dinge durchdringt und jederzeit bereit ist, in Aktion versetzt zu werden. Sie wissen nicht, daß sie auf jede Forderung reagiert, und sind somit dem Gesetz ihres eigenen Daseins unterworfen.

Denken ist schöpferisch, und das diesem Gesetz zugrundeliegende Prinzip ist korrekt und legitim und liegt in der Natur der Dinge, aber diese schöpferische Kraft hat nicht im einzelnen ihren Ursprung, sondern im Universalen, das Ursprung und Quelle aller Energie und aller Substanz ist. Der einzelne ist nur der Kanal für die Verteilung dieser Energie. Der einzelne ist nur das Mittel, durch das das Universale die verschiedenen Kombinationen erzeugt, die zur Bildung von Phänomenen führen. Das wiederum hängt vom Gesetz der Schwingung ab, und durch dessen unterschiedliche Bewegungsgeschwindigkeiten in der Ursubstanz entstehen neue Substanzen in bestimmtem, genauem zahlenmäßigem Verhältnis.

Das Denken ist das unsichtbare Band, durch das der einzelne Mensch mit dem Inneren Meister, das Endliche mit dem Unendlichen und das Sichtbare mit dem Unsichtbaren Kommunikation aufnimmt. Denken ist der Zauber, der den Menschen in ein Wesen verwandelt, das denkt, weiß, fühlt und handelt. Da das richtige Instrument das Auge ungezählte Welten entdecken läßt, die Millionen von Meilen weit entfernt sind, wurde der Mensch mit dem geeigneten Verständnis befähigt, mit dem Universalen Bewußtsein, der Quelle aller Kraft, in Verbindung zu treten.

Das Verstehen, das man üblicherweise entwickelt, ist ungefähr so viel wert wie eine Telefonzelle ohne Drähte und Zentrale. In der Tat ist es meist nichts anderes als eine „Meinung", die absolut nichts bedeutet. Die Inder glauben an etwas, und die Wilden auf den Inseln der Kannibalen auch, aber das beweist gar nichts. Der einzige Glaube, der überhaupt einen Wert für einen hat, ist jener, der einer Prüfung unterzogen wurde und sich als Tatsache erwiesen hat. Dann

160

ist er kein Glaube mehr, sondern ist lebendige Überzeugung oder Wahrheit geworden. Und diese Wahrheit wurde von Hunderttausenden von Menschen überprüft und als Wahrheit bestätigt in genauem Verhältnis zur Brauchbarkeit des Instruments, das sie benutzten.

Ein Mensch würde nicht damit rechnen, Sterne zu entdecken, die Hunderte von Meilen weit entfernt sind, ohne ein ausreichend starkes Teleskop zu benutzen, und aus diesem Grunde ist die Wissenschaft fortwährend damit beschäftigt, immer größere und stärkere Teleskope zu bauen, und wird so fortwährend belohnt durch neues Wissen über die Himmelskörper. So geht es mit dem Verstehen. Die Menschen machen fortwährend Fortschritte bei den Methoden zur Kontaktaufnahme mit dem Universalen Bewußtsein und seinen unbegrenzten Möglichkeiten. Das Universale Bewußtsein manifestiert sich im Objektiven durch das Prinzip der Anziehung, die jedes Atom auf alle anderen Atome in unendlich vielen Abstufungen an Intensität ausübt. Durch dieses Prinzip des Zusammenstellens und Anziehens werden Dinge zusammengefügt. Dieses Prinzip ist universal anwendbar, und es ist das einzige Mittel, durch das der Zweck der Existenz in die Wirklichkeit übertragen wird.

Wachstum äußert sich auf schönste Weise durch das Mittel dieses universalen Prinzips. Um zu wachsen, müssen wir erlangen, was für unser Wachstum notwendig ist, aber da wir zu allen Zeiten ein in Vollkommenheit denkendes Wesen sind, sorgt diese Vollkommenheit dafür, daß wir nur empfangen können, wenn wir geben. Darum ist Wachstum durch diese wechselseitige Aktionsweise bedingt, und wir stellen fest, daß auf der Mentalebene Gleiches Gleiches anzieht, daß mentale Vibrationen nur in dem Maße reagieren, wie ihre Schwingungen harmonieren.

Darum ist klar, daß Gedanken, die sich um Fülle drehen, nur auf ähnliche Gedanken reagieren werden. Der Wohlstand des einzelnen macht sichtbar, was er im Innern ist. Man wird feststellen, daß Überfluß im Innern das Geheimnis der Anziehung für Überfluß im Äußeren ist. Man wird feststellen, daß die Fähigkeit, etwas zu erschaffen, die wahre Quelle des Reichtums des Menschen ist. Aus diesem Grund wird der Mensch, der mit dem Herzen bei seiner Arbeit ist, mit Sicherheit unbegrenzten Erfolg ernten. Er wird geben und fortwährend geben, und je mehr er gibt, um so mehr wird er erhalten.

Was tun die großen Finanzmakler der Wall Street, die Wirtschaftsführer, die Staatsmänner, die großen Firmenanwälte, die Erfinder, die Ärzte, die Schriftsteller, was tragen sie anderes zur Summe menschlichen Glücks bei als die Kraft ihrer Gedanken? Gedanken sind die Energie, durch die das Gesetz der Anziehung in Gang gesetzt wird, was sich mit der Zeit als Fülle manifestiert. Das Universale Bewußtsein ist statisches Bewußtsein oder Substanz im Gleichgewicht. Es wird durch unsere Denkfähigkeit differenziert. Denken ist die dynamische Phase des Verstandesbewußtseins.

Kraft hängt davon ab, wie stark wir uns ihrer bewußt sind. Wenn wir sie nicht nutzen, werden wir sie verlieren, und wenn wir uns ihrer nicht bewußt sind, können wir sie nicht nutzen. Die Nutzung dieser Kraft hängt von der Aufmerksamkeit ab. Das Maß an Aufmerksamkeit bestimmt unsere Bereitschaft, Wissen aufzunehmen, was ein anderer Name für Macht ist. Aufmerksamkeit hat man für das Erkennungsmerkmal des Genies gehalten. Die Kultivierung der Aufmerksamkeit basiert auf Übung.

Der Anreiz für Aufmerksamkeit ist Interesse. Je größer das Interesse, um so größer die Aufmerksamkeit. Je größer die Aufmerksamkeit, um so größer das Interesse, um so stärker Aktion und Reaktion. Fange damit an, aufmerksam zu sein. Bald wirst du Interesse erweckt haben. Dieses Interesse wird mehr Aufmerksamkeit anziehen, und diese Aufmerksamkeit wird mehr Interesse erwecken, und so weiter. Dieses Vorgehen wird es dir ermöglichen, die Fähigkeit der Aufmerksamkeit fortzuentwickeln.

Konzentriere dich auf deine kreative Fähigkeit; bemühe dich um Einsicht, um Wahrnehmungsvermögen. Versuche, eine logische Basis für deine Überzeugung zu finden, die in dir ist. Laß dein Denken auf der Tatsache ruhen, daß die physische Form des Menschen im Träger allen organischen Lebens lebt, sich bewegt und existiert - in der Luft, die er einatmen muß, um leben zu können.

Dann laß deine Gedanken auf der Tatsache ruhen, daß der spirituelle Mensch auch lebt, sich bewegt und existiert - in einer ähnlichen, aber subtileren Energie, von der sein Leben abhängt; und daß, genau wie in der physischen Welt, kein Leben Gestalt annimmt, ehe ein Same ausgesät worden ist, und daß keine Frucht entstehen kann, die höher entwickelt ist als ihr Wurzelstock. Genausowenig kann in der spirituellen Welt eine Wirkung hervorgerufen werden, bevor der Same ausgesät wurde, und die Frucht wird von der Art des Samens abhängen. Die Ergebnisse, die du erzielst, hängen davon ab, inwieweit du im mächtigen Bereich der Verursachung, der höchsten Evolutionsstufe menschlichen Bewußtseins, die Gesetzmäßigkeit erkennen kannst.

Kapitel 19

Das Prinzip der Verursachung

*Positive, angenehme und wunderbare Gedanken
ziehen weitere gleichgeartete Gedanken an, und sie
dehnen dabei ihre Reichweite aus. Negative, traurige
oder bittere Gedanken tun dasselbe. Die Tendenz ist,
daß zunimmt, was immer man gewählt hat.*

Die Suche nach Wahrheit ist kein dem Zufall überlassenes Abenteuer mehr, sondern ein systematischer Prozeß, und ihr Verlauf ist logisch. Jede Art von Erfahrung kommt zu Wort, um die Entscheidung zu treffen.

Die erste Form, die der Mensch von sich aus erzeugt, ist der Gedanke. Er hat eine bestimmte Schwingungsrate. Durch die Entscheidung des einzelnen fließt er fort und existiert dann nicht nur als Teil seines eigenen Umfeldes, sondern auch als Teil der gesamten Umgebung. Je ausgeprägter die Bewußtheit und die spirituelle Entwicklung des Menschen sind, um so stärker wird die Durchschlagskraft sein, die sein Gedanke auf seine eigene Existenz und die Gesamtheit ausübt.

Aus diesem Grunde haben die Meister ihren Schülern von Anbeginn der Zeit ständig eingeschärft, angenehme Gedanken zu hegen, die mit allem Leben in Harmonie sind. Es ist sehr wichtig, das Prinzip zu verstehen, daß alle Formen gemäß dem Gesetz der Affinität gebildet werden. Jedes Atom zieht das Atom seines eigenen Elements an. Positive, angenehme und wunderbare Gedanken ziehen weitere gleichgeartete Gedanken an, und sie dehnen dabei ihre Reichweite aus. Negative, traurige oder bittere Gedanken tun dasselbe. Die Tendenz ist, daß zunimmt, was man gewählt hat.

Wenn wir die Wahrheit suchen, suchen wir die letztendliche Ursache. Wir wissen, daß jede menschliche Erfahrung eine Auswirkung ist. Wenn wir dann die Ursache entdecken und erkennen, daß dies eine Ursache ist, die wir bewußt steuern können, dann werden wir die Auswirkung oder die Erfahrung auch steuern können.

Die menschliche Erfahrung wird dann nicht mehr Spielball des Schicksals sein. Der Mensch wird nicht mehr das Kind glücklicher Fügung sein, sondern er wird Bestimmung, Schicksal und glückliche Fügung so leicht steuern können wie der Kapitän sein Schiff oder der Zugführer seinen Zug. Alle Dinge lassen sich letztendlich in die gleichen Bestandteile auflösen, und da sie sich in dieser Weise eins ins andere übertragen lassen, müssen sie immer in Beziehung zueinander sein und dürfen nie in Gegensatz zueinander stehen.

In der materiellen Welt gibt es zahllose Kontraste, und man kann sie der Einfachheit halber mit unterschiedlichen Namen kennzeichnen. Alle Dinge haben Flächen, Farben, Schattierungen, Abgrenzungen. Es gibt den Nordpol und den Südpol, das Innere und das Äußere, das Sichtbare und das Unsichtbare, aber diese Ausdrücke dienen nur dazu, um Extreme einander gegenüberzustellen. Sie sind die Namen, die man zwei verschiedenen Teilen einer Quantität gibt. Die beiden Extreme bedingen einander. Sie sind keine voneinander getrennten Daseinsformen, sondern zwei Teile oder Aspekte des Ganzen. In der Mentalwelt begegnen wir demselben Gesetz. Wir sprechen von Wissen und Unwissenheit, aber Unwissenheit ist nur ein Mangel an Wissen, und man wird daher feststellen, daß es einfach ein Wort ist, um das Fehlen von Wissen auszudrücken. Es beruht von sich aus auf keinem Prinzip.

In der Welt der Moral begegnen wir wieder dem gleichen Gesetz. Wir sprechen von Gut und Böse, aber das Gute ist eine Realität, etwas Greifbares, während das Böse einfach ein negativer Zustand, das Fehlen des Guten ist. Man hält das Böse manchmal für einen sehr realen Zustand, aber es hat kein Prinzip, keine Vitalität, kein Leben. Wir wissen dies, weil es immer durch das Gute zerstört werden kann. So wie die Wahrheit den Irrtum und das Licht die Dunkelheit zerstören, verschwindet das Böse, wenn das Gute erscheint. Daher gibt es nur ein Prinzip in der Welt der Moral.

Genau dem gleichen Prinzip begegnen wir in der spirituellen Welt. Wir sprechen von Geist und Materie als von zwei voneinander getrennten Seinsformen, aber tiefere Einsicht offenbart uns, daß nur ein Prinzip wirksam ist, und das ist das des Geistes. Der Geist ist das Reale und das Ewige. Die Materie unterliegt einem ständigen Wandel. Wir wissen, daß gemessen an einer Zeitspanne von Äonen hundert Jahre nur ein Tag sind. Wenn wir in irgendeiner großen Stadt stehen und das Auge auf den zahllosen großen, eindrucksvollen Gebäuden ruhen lassen, auf den Eisenbahnen, den Straßenbahnen, den Telefonen, den elektrischen Beleuchtungsanlagen und all den anderen Annehmlichkeiten der modernen Zivilisation, denken wir vielleicht daran, daß es vor hundert Jahren nicht eine von ihnen gab, und wenn wir in hundert Jahren am gleichen Fleck stehen könnten, würden wir aller Wahrscheinlichkeit nach feststellen, daß nur wenige von ihnen übriggeblieben sind.

In der Tierwelt begegnen wir dem gleichen Gesetz des Wandels. Millionen von Tieren kommen und gehen, wobei ihre Lebensspanne nur einige Jahre ausmacht. Im Pflanzenreich geht der Wechsel noch viel schneller vor sich. Viele Pflanzen und beinahe alle Gräser kommen und gehen in einem einzigen Jahr. Wenn wir zum Anorganischen übergehen, erwarten wir, etwas Dauerhafteres vorzufinden, aber wenn wir uns den scheinbar stabilen Kontinent anschauen, sagt man uns, er sei aus dem Ozean aufgestiegen. Wir sehen einen riesigen Berg, und man sagt uns, daß an seiner Stelle einst ein See war, und wenn wir voller Ehrfurcht vor den großen Klippen im Yosemite Tal stehen, können wir mit Leichtigkeit den Weg der Gletscher verfolgen, die das Ganze vor sich herschoben.

Wir befinden uns in beständigem Wandel, und wir wissen, daß dieser Wandel nur die Evolution des Universalen Bewußtseins ist, dieser grandiose Prozeß, in dem alle Dinge fortwährend und ständig aufs neue geschaffen werden, und wir kommen zu der Erkenntnis, daß die Materie nur eine Form ist, die das Bewußtsein annimmt, und daß sie folglich nur ein Zustand ist. Materie hat kein Prinzip; Bewußtsein ist das einzige Prinzip. Wir haben somit gelernt, daß Bewußtsein das einzige Prinzip ist, das in der materiellen, mentalen, moralischen und spirituellen Welt wirkt. Wir wissen auch, daß dieses Bewußtsein statisch, d.h. Bewußtsein im Ruhezustand ist. Darüber hinaus wissen wir, die Denkfähigkeit des einzelnen ist seine Fähigkeit, auf das Universale Bewußtsein einzuwirken und es in dynamisches Bewußtsein, d.h. Bewußtsein in Bewegung, umzuwandeln.

Um das zustande zu bringen, muß ihm Brennstoff in Form von Nahrung zugeführt werden, denn der Mensch kann nicht denken, ohne zu essen. Und wir werden feststellen, daß nicht einmal eine spirituelle Tätigkeit wie das Denken sich zu Quellen des Vergnügens und des Nutzens umwandeln läßt, außer durch Anwendung materieller Mittel. Irgendeine Form von Energie ist erforderlich, um Elektrizität zu akkumulieren und sie in dynamische Kraft umzuwandeln. Die Strahlen der Sonne sind erforderlich, um die Energie zu erzeugen, die die Pflanzen am Leben hält, und gleichermaßen ist Energie in Form von Nahrung notwendig, damit der Mensch denken und dadurch auf das Universale Bewußtsein einwirken kann.

Vielleicht weißt du, daß das Denken ständig und auf ewig Gestalt annimmt und fortwährend Ausdrucksformen anstrebt, oder vielleicht weißt du es auch nicht; aber folgende Tatsache bleibt bestehen: Wenn dein Denken kraftvoll, konstruktiv und positiv ist, wird dies in deinem Gesundheitszustand, deinen Geschäften und deiner Umgebung sichtbar. Aller Reichtum hat seinen Ursprung in Kraft; Besitztümer sind nur dann von Wert, wenn sie Leistungskraft verleihen. Ereignisse sind nur insoweit von Bedeutung, als sie sich auf die Kraft auswirken; alle Dinge stellen gewisse Formen und Grade von Kraft dar.

Das Wissen über Ursache und Wirkung, nachweisbar durch die Gesetzmäßigkeiten, die Dampf, Elektrizität, chemische Affinität und die Gravitation regieren, versetzt den Menschen in die Lage, mutige Pläne zu machen und sie furchtlos in die Tat umzusetzen. Diese Gesetze nennt man Naturgesetze, weil sie die materielle Welt regieren; aber nicht jede Kraft ist physischer Natur; es gibt auch noch die Mentalkraft und die erhabene spirituelle Kraft.

Was sind unsere Schulen und unsere Universitäten anderes als mentale Kraftwerke, und damit Orte, wo mentale Kraft entwickelt wird. Da es viele leistungsstarke Kraftwerke zur Anwendung von Kraft für schwere Maschinerie gibt, wo man

Rohmaterial sammelt und es in die Gebrauchsgüter und Annehmlichkeiten des Lebens umwandelt, so sammeln mentale Kraftwerke das Rohmaterial und verfeinern und entwickeln es zu einer Kraft, die allen Naturkräften, wie wunderbar sie auch sein mögen, bei weitem überlegen ist.

Das größte Problem des Menschen ist, daß er versucht, die Naturgesetze mit bloßer Willenskraft zu besiegen - was ein Ding der Unmöglichkeit ist. Tiere sind demgegenüber viel einsichtiger, denn sie können im Einvernehmen mit der Natur leben, indem sie sich passiv verhalten und sich anpassen, wo ihr Gespür ihnen sagt, daß Kämpfen nutzlos ist. Der Mensch dagegen ist in seiner Einstellung zu den Naturgesetzen viel aggressiver, denn anstatt zu versuchen, sich der Natur anzupassen, versucht er ständig, sie mit irgendwelchen Errungenschaften zu überlisten, die er in seiner eigenen Gesellschaft Fortschritt nennt.

Was ist das für ein Rohmaterial, das man in Tausenden mentaler Kraftwerke auf der ganzen Welt sammelt und zu einer Kraft entwickelt, die offensichtlich jede andere Kraft beherrscht? In ihrer statischen Form ist sie Geist, in ihrer dynamischen Form ist sie Denken. Diese Kraft ist überlegen, weil sie auf einer höheren Ebene besteht, weil sie den Menschen in die Lage versetzt hat, das Gesetz zu entdecken, mit dessen Hilfe er diese wunderbaren Naturkräfte zähmen und damit dazu bringen kann, die Arbeit von Hunderten und Tausenden von Menschen zu verrichten. Sie hat den Menschen Gesetze entdecken lassen, mit deren Hilfe Zeit und Raum aufgehoben wurden, und jetzt muß offensichtlich das Gesetz der Schwerkraft überwunden werden.

Die Lebenskraft oder Energie, die dabei entwickelt wird, ist das Denken, und in den vergangenen fünfzig Jahren hat es solch überraschende Ergebnisse hervorgebracht, wie etwa die, eine Welt zu schaffen, die einem Menschen, der nur fünfzig oder sogar fünfundzwanzig Jahre früher gelebt hat, absolut unvorstellbar gewesen wäre. Wenn man solche Ergebnisse dadurch erzielte, daß man fünfzig Jahre lang diese mentalen Kraftwerke entwickelte, was kann man dann in weiteren fünfzig Jahren erwarten?

Die Substanz, aus der alle Dinge erschaffen werden, ist in unbegrenztem Maße vorhanden. Wir wissen, daß die Lichtgeschwindigkeit von 300 000 km/sek beträgt, und wir wissen, daß es Sterne gibt, die so weit von uns entfernt sind, daß das Licht 2000 Jahre braucht, um uns zu erreichen, und wir wissen, daß solche Sterne in allen Himmelsregionen existieren. Wir wissen auch, daß dieses Licht in Wellen kommt; wenn also der Äther, durch den diese Wellen sich bewegen, nicht durchgehend vorhanden wäre, könnte das Licht uns nicht erreichen. Wir können nur zu dem Schluß kommen, daß diese Substanz oder der Äther oder das Rohmaterial überall gegenwärtig sind.

Wie also nimmt die Substanz Gestalt an? In der Elektrizität wird eine Batterie hergestellt, indem man Pole von Zink und Kupfer miteinander verbindet, wodurch Strom von einem Pol zum anderen fließt und so Energie erzeugt. Der gleiche Vorgang wiederholt sich bei jeder Polarität, und da jede Form einfach von der Schwingungsfrequenz und den daraus folgenden Beziehungen der Atome zueinander abhängt, müssen wir, wenn wir die Form der Manifestation verändern wollen, die Polarität verändern. Das ist das Kausalprinzip.

Zu deiner Übung konzentriere dich, und wenn ich das Wort „konzentrieren" benutze, meine ich alles, was das Wort beinhaltet. Vertiefe dich so in den Gegenstand deines Denkens, daß alles andere aus deinem Bewußtsein verdrängt ist, und mach das jeden Tag ein paar Minuten lang. Du nimmst dir die notwendige Zeit zum Essen, damit dein Körper ernährt wird. Warum solltest du dir nicht auch die Zeit nehmen, deine geistige Nahrung aufzunehmen? Laß die Gedanken auf der Tatsache ruhen, daß Erscheinungen täuschen. Die Erde ist nicht platt, und sie steht auch nicht still. Der Himmel ist keine Kuppel, die Sterne sind keine kleinen Lichtpunkte, und von der Materie, die man einst für starr hielt, weiß man, daß sie in ständigem Fluß ist.

Versuche dir klarzumachen, daß der Tag schnell herannaht - die Dämmerung steht kurz bevor - wo Denk- und Handlungsweisen sich dem schnell zunehmenden Wissen über die Wirkungsweise der ewigen Prinzipien anpassen müssen.

„Der unausgesprochene Gedanke ist letztendlich der mächtigste Kraftstoff in menschlichen Belangen."

Channing

Kapitel 20

Werde ein Übermensch

Die Macht des Denkens, wenn man sie versteht und richtig anwendet, ist das größte arbeitssparende Me dium, das je erträumt wurde; wird sie jedoch nicht verstanden oder falsch angewendet, wird das Ergebnis mit aller Wahrscheinlichkeit verheerend sein...

Das eigentliche Wesen* einer Sache ist die Sache selbst; es ist absolut stabil, unveränderlich und ewig. Dein eigentliches Wesen* bist du. Ohne Spirit wärst du nichts. Er wird dadurch aktiviert, daß du ihn und seine Möglichkeiten erkennst.

Du magst allen Reichtum der Welt besitzen, aber wenn du ihn nicht erkennst und nutzt, wird er keinen Wert haben. Genauso ist es mit spirituellem Reichtum. Wenn du ihn nicht erkennst und benutzt, hat er keinen Wert. Die einzige Bedingung spiritueller Macht ist Gebrauch oder Erkennen. Alle großen Dinge werden Wirklichkeit durch Erkennen, wie etwa das Erkennen der Seele als das wahre Selbst und das Erkennen der Seele als Teil Gottes, so wie die inneren und äußeren Meister es uns lehren. Das Zepter der Macht ist Bewußtsein, und der Gedanke ist sein Bote; dieser Bote formt ständig die Gegebenheiten der unsichtbaren Welt in Umstände und Bedingungen deiner gegenständlichen Welt um.

---

* Im englischen Text steht hier der Begriff „spirit"

172

Denken ist die wahre Aufgabe des Lebens, Kraft ist das Ergebnis. Du bist jederzeit mit der magischen Kraft des Denkens und des Bewußtseins befaßt. Was für Ergebnisse kannst du erwarten, solange du die Kraft, über die dir Verfügungsgewalt übertragen wurde, nicht beachtest. Solange du dich so verhältst, erlegst du dir selbst Begrenzungen in Form rein äußerlicher Umstände auf und machst dich zum Arbeitstier derjenigen, die denken. Alle, die ihre Kraft erkennen, wissen: Wenn wir nicht denken wollen, müssen wir arbeiten, und je weniger wir denken, um so mehr werden wir arbeiten müssen, und um so weniger werden wir mit unserer Arbeit verdienen.

Das Geheimnis der Kraft liegt darin, die Prinzipien, Energien, Methoden und die Zusammensetzung des Verstandesbewußtseins und die Beziehung zum Universalen Bewußtsein vollkommen zu verstehen. Man tut gut daran, zu bedenken, daß dieses Prinzip unwandelbar ist. Wäre es nicht so, dann wäre es nicht verläßlich. Alle Prinzipien sind unveränderlich. Diese Stabilität ist deine Chance. Du bist sein aktives Element, der Kanal für seine Aktivität. Das Universale kann nur durch das Individuum tätig werden.

Wenn du anfängst, wahrzunehmen, daß die Essenz des Universalen in dir selbst ist - daß du diese Essenz bist - dann fängst du an, etwas zu tun. Du fängst an, deine Kraft zu spüren. Sie ist der Brennstoff, der die Imagination anheizt, der die Fackel der Imagination entfacht, die dem Gedanken Leben verleiht, die es möglich macht, daß du dich mit all den unsichtbaren Kräften des Universums verbindest. Genau diese Kraft ist es, mit deren Hilfe du ohne Bedenken planen und meisterhaft ausführen kannst. Aber die Wahrnehmung entsteht nur in der Stille. Das scheint die Vorbedingung für alle großen Vorhaben zu sein. Du bist ein Wesen, das visualisiert.

Die Imagination ist deine Werkstatt. Hier mußt du dein Ideal visualisieren.

Da eine gründliche Kenntnis des wahren Wesens dieser Kraft eine Grundbedingung für ihre Manifestation ist, visualisiere das gesamte Verfahren immer wieder, bis es dir so geläufig ist, daß du es immer anwenden kannst, wenn der Anlaß es erfordert. Es zeugt von großer Weisheit, wenn wir die Methode anwenden, bei der wir die Inspiration des allmächtigen Inneren Meisters haben. Das Universale Bewußtsein steht uns jederzeit zur Verfügung.

Es kann uns mißlingen, diese innere Welt zu erkennen, so daß wir sie aus unserem Bewußtsein ausschließen; sie ist aber dennoch die grundlegende Tatsache aller Existenz; und wenn wir es lernen, sie zu erkennen, und zwar nicht nur in uns, sondern in allen Menschen, Ereignissen, Dingen und Umständen, dann werden wir das *„himmlische Königreich"* gefunden haben, von dem gesagt wird, daß es im *„Tempel im Innern"* liegt.

Unsere Fehlschläge sind auf das Wirken genau des gleichen Prinzips zurückzuführen. Das Prinzip ist unveränderlich, sein Ablauf ist exakt, da gibt es keine Abweichung. Wenn wir an Mangel, Begrenzung und Disharmonie denken, werden wir ihre Früchte in allen Bereichen vorfinden. Wenn wir an Armut, Leid oder Krankheit denken, werden die Gedankenboten den Aufruf genauso willig übermitteln wie alle anderen Gedanken, und das Ergebnis wird mit Sicherheit entsprechend sein. Wenn wir ein bevorstehendes Unheil fürchten, werden wir wie Hiob sagen können: *„Was ich fürchtete, ist über mich gekommen."* Wenn wir lieblose oder beschränkte Gedanken hegen, werden wir die Ergebnisse unserer Beschränktheit auf uns ziehen.

Die Macht des Denkens, wenn man sie versteht und richtig anwendet, ist das größte arbeitssparende Medium, das je erträumt wurde; wird sie jedoch nicht verstanden oder falsch angewendet, wird das Ergebnis mit aller Wahrscheinlichkeit verheerend sein, wie wir bereits gehört haben. Mit Hilfe dieser Macht kannst du mit aller Zuversicht Dinge unternehmen, die scheinbar unmöglich sind, weil diese Macht das Geheimnis aller Inspiration und aller Genialität ist. Sich inspirieren zu lassen bedeutet, den ausgetretenen Pfad zu verlassen, sich vom eingefahrenen Trott zu lösen, weil außer- gewöhnliche Ergebnisse außergewöhnliche Mittel erfordern. Wenn uns die Einheit aller Dinge bewußt wird und die Tatsache, daß die Quelle aller Macht im Innern liegt, dann zapfen wir die Quelle der Inspiration an.

Inspiration ist die Kunst der Selbstverwirklichung, die Kunst der Anpassung des individuellen Bewußtseins an das des Inneren Meisters; die Kunst, die Seele, die geeignete Schaltstelle, mit der Quelle aller Kraft zu verbinden; oder die Kunst, das Formlose als Form zu gestalten; sie wird zum Träger für den Strom unendlicher Weisheit; die Kunst, Vollkommenheit zu visualisieren, und die Allgegenwart der Allmacht zu verwirklichen.

Wenn wir verstehen und die Tatsache anerkennen, daß die unendliche Kraft allgegenwärtig ist und folglich im unendlich Kleinen genauso vorhanden ist wie im unendlich Großen, wird uns dies befähigen, ihre Essenz aufzunehmen. Wenn wir weiterhin verstehen, daß diese Kraft Spirit und damit unteilbar ist, werden wir begreifen können, daß seine Gegenwart an allen Orten gleichzeitig ist. Wenn wir diese Tatsache zunächst mit dem Intellekt und dann gefühlsmäßig begreifen, werden wir uns an diesem Ozean unbegrenzter Kraft sattrinken können. Verstandesmäßiges Begreifen wird uns nicht viel helfen. Die Gefühle müssen ins Spiel gebracht werden. Der Gedanke ohne Gefühl ist kalt. Das Zusammenwirken von Gedanken und Gefühlen ist erforderlich.

Viele glauben, daß der Intellekt das Kriterium für spirituelle Entfaltung sei; daß er sie über die Gesetze der Gesellschaft erhebe. Sie meinen, sie stünden außerhalb der Gesetze der Gemeinschaft und könnten an den Lebenskräften der Gesellschaft rütteln, sie stören, kontrollieren und manipulieren. Das ist nur eine Illusion, die auf das Konto der negativen Kraft geht, welche die völlige Gewalt über die Sinne und die intellektuellen Fähigkeiten hat. Es ist seltsam, daß diese hochgebildeten Leute das nicht merken. Inspiration kommt aus dem Innern. Stille ist notwendig, die Sinne müssen zur Ruhe kommen, die Muskeln sich entspannen, und man braucht einen Zustand heiterer Ruhe. Wenn du auf diese Weise einen Zustand der Gelassenheit und Kraft erreicht hast, wirst du bereit sein, die Information oder Inspiration zu empfangen, die für deine Entwicklung und für dein Ziel notwendig sein mögen.

Verwechsle diese Methoden nicht mit denen des Hellsehers. Sie haben nichts gemeinsam. Inspiration ist die Kunst des Empfangens und sie wirkt sich auf alles aus, was das Beste im Leben ist. Deine Aufgabe im Leben ist es, diese unsichtbaren Kräfte zu verstehen und zu beherrschen, statt dich von ihnen beherrschen und lenken zu lassen. Macht schließt Dienen mit ein. Inspiration schließt Macht mit ein. Die Methode der Inspiration zu verstehen und anzuwenden bedeutet, ein Übermensch zu werden.

Wir können mit jedem Atemzug ein erfüllteres Leben genießen, wenn wir bewußt und in der genannten Absicht atmen. Das „Wenn" ist in diesem Falle eine sehr wichtige

Voraussetzung, weil die Absicht die Aufmerksamkeit bestimmt; und ohne Aufmerksamkeit kann man nur die Ergebnisse erzielen, die alle anderen auch erzielen. Das heißt, was man empfängt, entspricht dem, was man angefordert hat.

Um einen größeren Zustrom sicherzustellen, mußt du deine Forderung erhöhen, und sobald du die Forderung bewußt erhöhst, wird der Zustrom folgen. Du wirst feststellen, daß dir ein ständig wachsender Zustrom an Lebenskraft, Energie und Vitalität zuteil wird. Der Grund dafür ist unschwer zu verstehen, dennoch liegt darin eines jener wichtigen Geheimnisse des Lebens, das scheinbar nicht allgemein erkannt wird. Wenn du es dir zu eigen machst, wirst du es als eine der großen Realitäten des Lebens erkennen.

Man sagt uns, daß *„wir in Ihm leben, uns bewegen und unser Sein haben"*, und man sagt uns, daß „Er" Spirit ist, und wiederum, daß „Er" der Innere Meister, die Liebe, ist, und wir also jedesmal, wenn wir atmen, dieses Leben, diese Liebe und diesen Spirit einatmen. Das ist Prana-Energie oder von Prana erfüllter Äther. Ohne Spirit können wir keinen Augenblick lang existieren. Er ist die kosmische Energie; er ist das Leben des Solarplexus.

Mit jedem Atemzug füllen wir unsere Lungen mit Luft, und zur gleichen Zeit beleben wir unseren Körper mit diesem Prana-Äther, der das Leben selbst ist; folglich haben wir die Gelegenheit, bewußt die Verbindung mit allem Leben, aller Intelligenz und aller Substanz aufzunehmen.

Das Wissen über deine Beziehung zu diesem Prinzip und deine Einheit mit diesem Prinzip, das das Universum regiert, und die einfache Methode, mit deren Hilfe du dich bewußt mit ihm identifizieren kannst, vermittelt dir ein wissenschaftliches Verständnis dieses Gesetzes, so daß du dich von Krankheit, Mangel und Begrenzung jeglicher Art befreien kannst. Tatsache ist, daß es dich befähigt, den „Lebensatem" durch deine eigene Nase aufzunehmen.

Der Gedanke ist eine schöpferische Schwingung, und die Qualität der Umstände, die geschaffen werden, hängt von der Qualität unserer Gedanken ab, weil wir keine Kräfte zum Wirken bringen können, die wir nicht besitzen. Wir müssen erst „sein", ehe wir „handeln" können, wir können nur in dem Ausmaß „handeln", in dem wir „sind", und was wir sind, hängt davon ab, was wir „denken".

Jedesmal, wenn du denkst, setzt du eine Kausalkette in Gang, die Umstände in genauer Übereinstimmung mit der Qualität der Gedanken schaffen wird, von denen sie erzeugt wurden. Gedanken, die mit dem Universalen Bewußtsein harmonieren, werden zu entsprechenden Umständen führen. Zerstörende und disharmonische Gedanken werden entsprechende Ergebnisse hervorbringen. Du kannst Gedanken konstruktiv oder destruktiv verwenden, aber das unveränderliche Gesetz wird dir nicht erlauben, den Gedanken einer bestimmten Art zu pflanzen und die Frucht einer anderen zu ernten. Es steht dir frei, diese wunderbare, kreative Kraft nach Belieben zu nutzen, aber du mußt für die Folgen einstehen.

Das ist die Gefahr, die in der sogenannten Willenskraft liegt. Es gibt Menschen, die anscheinend der Ansicht sind, sie könnten dieses Gesetz durch Willenskraft zwingen, könnten Gedanken einer bestimmten Art säen und das Gesetz durch „Willenskraft" dazu bringen, die Frucht einer anderen Art zu tragen. Aber das grundlegende Prinzip der schöpferischen Kraft liegt im Universalen, und darum beruht die Vorstellung, die Erfüllung unserer Wünsche durch individuelle Willenskraft erzwingen zu können, auf einem verkehrten

Konzept. Diese Methode scheint eine Zeitlang zum Erfolg zu führen, ist aber letztendlich zum Scheitern verurteilt, weil sie gerade der Kraft entgegenarbeitet, die sie zu gebrauchen sucht.

Keinen Widerstand zu leisten beinhaltet ein äußerst subtiles Gesetz, das besagt: Immer wenn irgend jemand sich über dich ärgert und du dich dem nicht widersetzt, muß dieser Energieschub irgendwohin gehen. Normalerweise kehrt er zu demjenigen zurück, von dem er ausgeht, und folglich wird derjenige durch sein eigenes Handeln verletzt und nicht durch das eines anderen. Wenn sich jemand den Stimmungen, negativen Gefühlen und dem Haß anderer Leute nicht widersetzt, steigt er in der Welt auf, anstatt zu stürzen.

Wenn ein Mensch es darauf anlegt, einem Mitmenschen Schaden zuzufügen, ganz gleich, wie schlau er das verbirgt, wird er seinen Lohn ernten. Jesus und alle spirituellen Meister haben diesbezüglich gesagt: *„Du wirst ernten, was du gesät hast."* Darum sind die Gesetze der Spiritualität so schwer zu erlernen. Sie sind so eng miteinander verwoben, daß es schwierig ist, sie zu trennen und jedes individuell zu studieren. Eines geht in das andere über. Der einzelne, der versucht, das Universale zu zwingen, wird einen Konflikt zwischen dem Endlichen und dem Unendlichen heraufbeschwören. Dauerhaftes Wohlbefinden bewahren wir uns am besten, wenn wir bewußt mit der laufenden Fortentwicklung des großen Ganzen zusammenarbeiten.

Zu deiner Übung gehe in die Stille, und konzentriere dich auf die Tatsache, daß der Ausspruch, *„in Ihm leben wir, bewegen wir uns und haben wir unser Sein"*, buchstäblich und wissenschaftlich korrekt ist; daß du *bist*, weil Er *ist*, daß wenn Er allgegenwärtig ist, Er in dir sein muß; daß, wenn Er alles in allem ist, du in Ihm sein mußt; daß Er Spirit ist und du *„nach seinem Ebenbild geschaffen wurdest"* und daß der einzige Unterschied zwischen Seinem Spirit und deinem Spirit im Ausmaß liegt, und daß ein Teil nach Art und Beschaffenheit gleich dem Ganzen sein muß.

Wenn du das klar und deutlich erkennst, hast du das Geheimnis der schöpferischen Kraft des Denkens gefunden, dann hast du den Ursprung von Gut und Böse gefunden, dann hast du das Geheimnis der wunderbaren Kraft der Konzentration gefunden; dann hast du den Schlüssel zur Lösung eines jeden Problems gefunden, ob es sich nun auf den physischen, den finanziellen Bereich oder dein Umfeld bezieht.

„Die Fähigkeit, folgerichtig, scharfsinnig und klar
zu denken, ist ein tödlicher Gegner von Fehlern,
Schnitzern, Aberglauben, von unsachgerechten
Theorien, irrationalen Glaubenssätzen, zügelloser
Begeisterung und Fanatismus."

Haddock

Kapitel 21

Erkenne das Göttliche

Wenn das individuelle Bewußtsein das Universale Bewußtsein berührt, empfängt es alle Kraft, die es braucht. Das ist die innere Welt. Die gesamte Wissenschaft sieht die Realität dieser Welt als gegeben an, und alle Kraft hängt davon ab, inwieweit wir diese Welt erkennen.

Das eigentliche Geheimnis der Kraft ist, sich der Kraft bewußt zu sein. Das Universale Bewußtsein ist frei von Beschränkungen; je mehr wir der Einheit mit diesem Bewußtsein gewahr werden, desto mehr werden Beschränkungen und Begrenzungen aus unserem Bewußtsein rücken. Während wir uns von Beschränkungen freimachen und lösen, wächst unsere Wahrnehmung des Absoluten. Wir sind frei geworden!

Sobald wir uns der unerschöpflichen Kraft der inneren Welt bewußt werden, beginnen wir, von dieser Kraft zu schöpfen, verwenden sie und entwickeln die erweiterten Möglichkeiten, die diese Einsicht eröffnet hat, weil alles, das uns bewußt wird, sich ausnahmslos in der stofflichen Welt manifestiert und eine greifbare Erscheinungsform annimmt.

Das ist so, weil das unbegrenzte Bewußtsein, die Quelle aller Dinge, eins und unteilbar ist und weil jeder einzelne ein Kanal für die Manifestation dieser unvergänglichen Energie ist. Unsere Denkfähigkeit ist unsere Fähigkeit, auf diese universale Substanz einzuwirken, und was wir denken ist das, was in der materiellen Welt geschaffen oder hervorgebracht wird.

Das Ergebnis dieser Entdeckung ist einfach wunderbar, und es bedeutet, daß das Bewußtsein erstaunliche Qualität und unbegrenzte Quantität besitzt und zahllose Möglichkeiten in sich birgt. Sich dieser Kraft bewußt zu werden bedeutet, daß man zu einem „Energiebündel" wird. Das hat die gleiche Wirkung, als würde man einen kalten, spannungslosen Draht mit einem geladenen Draht in Kontakt bringen. Das Universale ist der geladene Draht. Es hat genug Spannung, um jeder Situation zu genügen, die im Leben jedes einzelnen eintreten kann. Wenn das Bewußtsein des einzelnen in Kontakt mit dem Universalen Bewußtsein kommt, erhält er alle Kraft, die er benötigt. Das ist die innere Welt. Die gesamte Wissenschaft sieht die Realität dieser Welt als gegeben an, und alle Kraft hängt davon ab, inwieweit wir diese Welt erkennen.

Die Fähigkeit, unvollkommene Gegebenheiten auszumerzen, ist bedingt durch mentale Tätigkeit, und mentale Tätigkeit hängt davon ab, inwieweit wir uns der Kraft bewußt sind. Je mehr wir uns unserer Einheit mit der Quelle aller Kraft bewußt werden, um so größer wird darum unsere Fähigkeit sein, jede Situation unter Kontrolle zu haben und zu meistern.

Große Ideen neigen dazu, alle unbedeutenderen Ideen auszuschalten, so daß man also gut daran tut, solche Ideen vor Augen zu haben, die groß genug sind, allen schwachen oder unerwünschten Neigungen entgegenzuwirken und sie auszuschalten. Das wird unzählige kleine, lästige Hindernisse aus dem Weg räumen. Du wirst dir auch einer größeren Gedankenwelt bewußt werden und dadurch deine geistigen Fähigkeiten steigern, und du wirst dich in die Lage versetzen, etwas Wertvolles zu vollbringen.

Das ist eines der Geheimnisse des Erfolgs, eine der Methoden, zielstrebig auf den Sieg hinzuarbeiten, eine der Fähigkeiten eines überragenden Geistes. Er hegt große Gedanken. Den schöpferischen, geistigen Energien bereiten komplexe Situationen keine größeren Schwierigkeiten als einfache Situationen. Das Bewußtsein ist im unendlich Großen wie im unendlich Kleinen gleichermaßen gegenwärtig.

Wenn wir diese Tatsachen, die das Bewußtsein betreffen, wahrnehmen, dann verstehen wir, wie wir uns jede Situation erschaffen können, indem wir die entsprechenden Situationen in unserem Bewußtsein erschaffen, weil alles, was wir eine bestimmte Zeit lang im Bewußtsein halten, sich mit der Zeit dem Unterbewußtsein einprägt und so zu einem Muster wird, das die schöpferische Energie in das Leben und das Umfeld des einzelnen einweben wird.

Auf diese Weise werden Umstände geschaffen, und wir merken, daß unser Leben einfach die Widerspiegelung unserer vorherrschenden Gedanken, unserer geistigen Haltung darstellt. Wir erkennen dann, daß die Wissenschaft des korrekten Denkens die eine Wissenschaft ist, die alle anderen umfaßt. Von dieser Wissenschaft lernen wir, daß jeder Gedanke einen Eindruck im Gehirn hinterläßt, daß diese Eindrücke geistige Neigungen bewirken, und daß diese Neigungen Charakter, Fähigkeiten und Zielsetzung schaffen, und daß dieses Zusammenwirken von Charakter, Fähigkeiten und Zielsetzung die Erfahrungen bestimmen, die wir im Leben machen.

Diesen Erfahrungen begegnen wir aufgrund des Gesetzes der Anziehung. Die Wirkung dieses Gesetzes bringt uns Erfahrungen in der äußeren Welt, die unserer inneren Welt entsprechen. Der vorherrschende Gedanke oder die geistige

Haltung sind der Magnet, und das Gesetz besagt, daß Gleiches Gleiches anzieht, und folglich wird die geistige Haltung unausweichlich solche Umstände anziehen, die ihrer Natur entsprechen.

Diese geistige Haltung ist unsere Persönlichkeit, und sie besteht aus den Gedanken, die wir in unserem Verstand erzeugt haben. Wenn wir eine Veränderung in unserem Umfeld herbeiführen wollen, ist darum eine Änderung unserer Denkweise das einzige, was notwendig ist. Das wiederum wird unsere geistige Haltung verändern, was wiederum eine Veränderung unserer Persönlichkeit bewirkt, was uns wiederum dazu führt, daß wir anderen Menschen, Dingen und Umständen oder Erfahrungen in unserem Leben begegnen.

Es ist zwar keine leichte Sache, die geistige Haltung zu ändern, aber mit beharrlichem Bemühen ist es zu machen. Die geistige Haltung wird den mentalen Bildern nachgebildet, die das Gehirn fotografiert hat. Wenn du die Bilder nicht magst, vernichte die Negative, und nimm neue Bilder auf. Das ist die Kunst des Visualisierens.

Sobald du das getan hast, wirst du anfangen, neue Dinge anzuziehen, und die neuen Dinge werden den neuen Bildern entsprechen. Dazu präge dem Verstand ein perfektes Bild des Wunsches ein, den du manifestieren möchtest, und halte das Bild weiter vor Augen, bis die Ergebnisse verwirklicht sind.

Wenn es ein Wunsch ist, der Zielstrebigkeit, Fähigkeit, Talent, Mut, Kraft oder irgendeine andere spirituelle Kraft erfordert, dann sind sie die notwendigen Voraussetzungen für dein Bild; baue sie ein. Sie sind der lebenswichtige Bestandteil des Bildes. Sie machen das Gefühl aus, das zusammen mit dem Denken die unwiderstehliche, magnetische Kraft bildet, welche die Dinge anzieht, die du brauchst. Sie geben deinem Bild Leben, und Leben bedeutet Wachstum, und sobald es zu wachsen beginnt, ist das Ergebnis so gut wie sicher. Zögere nicht, bei all deinen Unternehmungen die höchstmöglichen Ziele anzustreben, denn die geistigen Kräfte stehen einem zielstrebigen Willen stets zur Verfügung bei dem Bemühen, seinen höchsten Bestrebungen in Handlungen, Leistungen und Ereignissen Gestalt zu verleihen.

Die Art und Weise, wie wir all unsere Gewohnheiten bilden, ist eine gute Veranschaulichung dessen, wie die geistigen Kräfte arbeiten. Wir tun eine bestimmte Sache, dann tun wir sie noch einmal und dann immer wieder, bis alles leicht und automatisch geht, und die gleiche Regel gilt für das Ablegen aller und jeder schlechten Gewohnheit. Wir hören auf, etwas zu tun, und vermeiden es immer und immer wieder, bis wir völlig frei davon sind. Wenn es uns hin und wieder mißlingt, sollten wir keinesfalls den Mut verlieren, denn das Gesetz ist absolut und unbesiegbar und belohnt all unsere Bemühungen und jedes Gelingen, auch wenn unsere Bemühungen und Erfolge vielleicht hin und wieder aussetzen.

Was dieses Gesetz für uns tun kann, ist unbegrenzt. Sei mutig und glaube an dein eigenes Ideal. Denke daran, daß die Natur sich von der Idee formen läßt. Denke an das Ideal als sei es bereits vollendete Tatsache. Der wahre Lebenskampf wird von Ideen ausgetragen. Er wird von wenigen gegen eine Mehrheit ausgefochten. Auf einer Seite steht das konstruktive und kreative Denken, auf der anderen das destruktive und negative Denken. Den kreativen Gedanken beherrscht ein Ideal, den destruktiven Gedanken beherrschen Erscheinungsformen. Auf beiden Seiten finden wir Wissenschaftler, Gelehrte und Geschäftsleute.

Auf der kreativen Seite stehen die Menschen, die ihre Zeit in Laboratorien, über Mikroskopen oder an Teleskopen verbringen, Seite an Seite mit den Menschen, welche die Geschäftswelt, die Politik und die Wissenschaft beherrschen. Auf der negativen Seite stehen die Menschen, die das Gesetz und das Vorangegangene erforschen, Menschen, die Theologie fälschlich für Religion halten, Staatsmänner, die Macht für Recht halten, und all die Millionen, die das Vorhergegangene dem Fortschritt vorziehen, die ewig zurückschauen anstatt nach vorn; die nur die äußere Welt sehen, aber nichts von der inneren Welt wissen.

Eine abschließende Analyse zeigt, daß es nur diese beiden Klassen gibt. Alle Menschen werden ihren Platz auf der einen oder anderen Seite einnehmen müssen; sie werden vorwärts oder rückwärts gehen müssen. In dieser Welt, wo alles Bewegung ist, gibt es keinen Stillstand. Gerade dieser Versuch stehenzubleiben, sanktioniert und forciert willkürliche und ungleiche Gesetzgebung.

Daß wir uns in einer Übergangsphase befinden, zeigt sich an der Unruhe, die wir überall finden. Die Klage der Menschheit ist wie eine Salve himmlischer Artillerie, die mit tiefen und drohenden Tönen beginnt und zunehmend lauter wird, bis der Schall sich von Wolke zu Wolke fortpflanzt und der Blitz Himmel und Erde zerreißt.

Die Wachposten, welche die am weitesten vorgelagerten Stützpunkte der Industrie, der Politik und der Religion bewachen, rufen einander besorgt zu. Was ist das für eine Nacht? Die Gefährdung und Unsicherheit der Stellung, die sie innehaben und zu halten suchen, wird von Stunde zu Stunde offensichtlicher. Das Heraufdämmern eines neuen Zeitalters verkündet, daß die gegenwärtige Ordnung nicht mehr lange bestehen kann.

Der Streit zwischen dem alten und dem neuen System und die Crux des sozialen Problems sind entschieden Fragen der Überzeugung, die sich in den Köpfen der Menschen hinsichtlich der Beschaffenheit des Universums abspielen. Wenn sie sich dessen bewußt werden, daß die transzendentale Kraft des Spirit oder Bewußtseins des Kosmos in jedem einzelnen vorhanden ist, wird es möglich sein, Gesetze abzufassen, welche die Freiheit und die Rechte der Mehrheit berücksichtigen statt nur die Privilegien einiger weniger.

Solange die Menschen die kosmische Kraft als nicht menschlich und dem Menschen fremd betrachten, wird es der sogenannten privilegierten Klasse verhältnismäßig leicht fallen, nach göttlichem Recht zu regieren, trotz aller Proteste seitens des sozialen Empfindens. Das wahre Interesse der Demokratie ist daher, die Göttlichkeit des menschlichen Geistes zu stärken, zu befreien und anzuerkennen. Zu erkennen, daß alle Kraft von innen kommt, daß kein menschliches Wesen mehr Macht hat als irgendein anderes menschliches Wesen, außer der Macht, die ihm übertragen worden ist. Das alte System wollte uns glauben machen, daß das Gesetz größer sei als die Gesetzgeber. Hierin liegt der Kern des sozialen Verbrechens, wodurch es Privilegien aller Art und Ungleichheit im persönlichen Bereich gibt und die fatalistische Doktrin von der göttlichen Auserwähltheit institutionalisiert wird.

Das göttliche Bewußtsein ist das Universale Bewußtsein. Es macht keine Ausnahmen, noch bevorzugt es jemanden. Es handelt nicht dem Zufall gemäß, nicht aus Ärger oder Eifersucht. Ebensowenig kann man ihm schmeicheln, es beschwatzen oder durch Mitgefühl oder Betteln dazu bewegen, dem Menschen zu etwas zu verhelfen, das seiner Meinung nach notwendig für sein Glück oder seine Existenz ist. Das göttliche Bewußtsein macht keine Ausnahmen zugunsten eines einzelnen, aber wenn der Mensch sich seiner Einheit mit dem Universalen Prinzip bewußt wird und sie versteht, wird es so aussehen, als sei er begünstigt worden, weil er die Quelle aller Gesundheit, allen Wohlstands und aller Kraft gefunden hat.

Als Übung konzentriere dich auf Wahrheit. Versuche dir zu vergegenwärtigen, daß Wahrheit dich freimachen wird. Das heißt, daß nichts auf ewig deinem vollkommenen Erfolg im Wege stehen kann, wenn du es lernst, wissenschaftlich korrekte Denkmethoden und Prinzipien anzuwenden. Werde dir klar darüber, daß du dein im Innern angelegtes Seelenpotential in deiner Umgebung Form annehmen läßt. Werde dir klar darüber, daß die Stille eine immer zugängliche und beinahe unbegrenzte Möglichkeit bietet, die höchste Vorstellung von Wahrheit zu erwecken. Versuche zu verstehen, daß die Allmacht selbst absolute Stille ist, und daß alles andere Wandel, Aktivität oder Begrenzung ist. Kontemplation in der Stille ist dazu die richtige Methode, die wunderbare potentielle Macht der Welt im Innern zu erwecken und dann zum Ausdruck zu bringen.

> *„Es gibt unendlich viele Möglichkeiten des Gedankentrainings; seine Auswirkungen sind von unbegrenzter Dauer, und doch machen sich nur wenige die Mühe, ihr Denken in Bahnen zu lenken, die zu ihrem Wohle sind, und überlassen statt dessen alles dem Zufall.“*
>
> *Marden*

Kapitel 22

Der Weg zur Gesundheit

Alles im Universum verdankt seinen Zustand seiner Schwingungsfrequenz. Verändere die Schwingungsfrequenz, und du veränderst Art, Beschaffenheit und Form.

Wissen ist unbezahlbar, weil wir durch die Anwendung von Wissen unsere Zukunft so gestalten können, wie wir sie uns wünschen. Wenn uns klar wird, daß unser derzeitiger Charakter, unsere gegenwärtige Umgebung, unsere gegenwärtige Fähigkeit und unsere gegenwärtige körperliche Verfassung vollständig das Ergebnis unserer Denkweise in der Vergangenheit sind, dann werden wir eine etwaige Vorstellung vom Wert des Wissens entwickeln.

Wenn unser Gesundheitszustand nicht unseren Wünschen entspricht, laßt uns unsere Denkweise überprüfen. Laßt uns daran denken, daß jeder Gedanke einen Eindruck im Bewußtsein hinterläßt. Jeder Eindruck ist ein Same, der ins Unterbewußtsein einsickert und zu einer Neigung wird. Es wird die Neigung sein, weitere ähnliche Gedanken anzuziehen, und ehe wir uns versehen, stehen wir einer Ernte gegenüber, die wir einbringen müssen. Wenn diese Gedanken Krankheitskeime enthalten, wird die Ernte Krankheit, Verfall, Schwäche und Versagen sein. Die Frage ist, was denken wir, was erschaffen wir, wie soll die Ernte sein?

Wenn die Umstände, die verändert werden müssen, physischer Natur sind, dann wird sich das Gesetz der Visualisierung als wirksam erweisen. Halte dir ein mentales Bild physischer Vollkommenheit vor Augen, halte im Geiste daran fest, bis es vom Unterbewußtsein aufgenommen worden ist. Viele haben sich auf diese Weise binnen einiger Wochen von chronischen Leiden befreit, und Tausende haben auf diese Weise in nur wenigen Tagen alle möglichen alltäglichen Unannehmlichkeiten bewältigt und ausgemerzt, manchmal sogar in Minuten.

Aufgrund des Gesetzes der Schwingung beherrscht der Verstand den Körper. Wir wissen, daß jede geistige Aktivität eine Schwingung ist, und wir wissen, daß jede Form einfach eine Form der Bewegung, eine Schwingungsfrequenz ist. Darum verändert eine bestimmte Schwingung sofort jedes Atom des Körpers, sie wirkt sich auf jede lebende Zelle aus, und in jeder Gruppe von Zellen geht eine völlige chemische Veränderung vor sich.

Alles im Universum verdankt seinen Zustand seiner Schwingungsfrequenz. Verändere die Schwingungsfrequenz, und du veränderst Art, Beschaffenheit und Form. Einfach nur aufgrund von Veränderung in der Schwingungsfrequenz unterliegt das gewaltige Panorama des sichtbaren und unsichtbaren Teils der Natur einem ständigen Wandel, und da der Gedanke eine Schwingung ist, können auch wir diese Macht ausüben. Wir können die Schwingungen verändern und so körperliche Zustände herbeiführen, die wir uns wünschen.

Wir alle bedienen uns dieser Macht in jedem Augenblick. Das Problem besteht nur darin, daß die meisten dies unbewußt tun und damit unerwünschte Ergebnisse erzielen. Es stellt sich die Aufgabe, sie klug einzusetzen und nur wünschenswerte Ergebnisse zu erzielen. Das sollte nicht zu schwierig sein, weil wir alle genug Erfahrung damit gemacht haben, um zu wissen, was angenehme Schwingungen im Körper hervorruft, und wir wissen auch, was unangenehme und lästige Empfindungen verursacht.

Allein notwendig ist, unsere eigene Erfahrung zu Rate zu ziehen. Wenn unsere Gedanken hochsinnig, fortschrittlich, konstruktiv, mutig, freundlich und in jeder Beziehung wünschenswert sind, haben wir Schwingungen in Gang gesetzt, die bestimmte Ergebnisse herbeiführen. Wenn unser Denken von Neid, Haß, Eifersucht, Nörgelei oder irgendwelchen anderen der mehr als tausend Formen von Disharmonie eingenommen war, dann wurden bestimmte Vibrationen in Gang gesetzt, die gewisse andere, völlig unterschiedliche Ergebnisse hervorbrachten, und wenn man diese Vibrationen aufrechterhält, nimmt jede dieser Schwingungsfrequenzen Form an. Im ersteren Fall war das Ergebnis geistige, sittliche und körperliche Gesundheit und im zweiten Fall Zwietracht, Disharmonie und Krankheit.

Wir können uns somit einen Begriff von der Kraft machen, die der Verstand auf den Körper ausübt. Der bewußte Verstand übt bestimmte Wirkungen auf den Körper aus, die man ohne weiteres erkennen kann. Irgend jemand sagt etwas zu dir, was dir absurd erscheint, und du schüttelst dich vor Lachen, was beweist, daß das Denken die Muskeln beherrscht.

Oder irgend jemand sagt etwas, das dein Mitgefühl erregt, und dir steigen Tränen in die Augen, was wiederum zeigt, daß das Denken deine Drüsen unter Kontrolle hat. Oder jemand sagt etwas, das dich ärgerlich macht, und das Blut schießt dir in die Wangen, was beweist, daß das Denken deinen Kreislauf beherrscht. Da diese Erfahrungen aber alle das Ergebnis einer Tätigkeit des bewußten Verstandes über den Körper darstellen, sind die Ergebnisse vorläufiger Natur.

Sie vergehen bald und versetzen die Situation in ihren ursprünglichen Zustand.

Wir wollen nun sehen, wie sich die Wirkung des Unterbewußtseins auf den Körper davon unterscheidet. Du ziehst dir eine Wunde zu, und Tausende von Zellen leiten sofort die Heilung ein. In einigen Tagen oder in einigen Wochen ist die Arbeit vollendet. Du kannst dir sogar einen Knochen brechen. Kein Chirurg der Welt kann die Teile zusammenschweißen. Er kann die Knochen richten, und das Unterbewußtsein setzt dann sofort den Prozeß des Zusammenschweißens in Gang. Nach kurzer Zeit ist der Knochen so fest wie je zuvor.

Es könnte geschehen, daß du Gift zu dir nimmst. Das Unterbewußtsein wird sofort die Gefahr registrieren und heftige Anstrengungen unternehmen, es auszuscheiden. Es könnte sein, daß du dich mit einem gefährlichen Bazillus infizierst. Das Unterbewußtsein wird sofort damit anfangen, eine Mauer um den infizierten Bereich zu errichten und die Infektion zu bekämpfen, indem es sie mittels der weißen Blutkörperchen absorbiert, die es für diesen Zweck bereitstellt.

Dieses Wirken des Unterbewußtseins geht meist ohne unser Wissen und Zutun vor sich, und solange wir nicht eingreifen, wird das Ergebnis vollkommen sein; aber da diese Millionen von Zellen zur Erneuerung alle intelligent sind und auf unsere Gedanken reagieren, werden sie oft von unseren Gedanken der Furcht, Zweifel und Sorge gelähmt und außer Gefecht gesetzt. Sie gleichen einer Armee von Arbeitern, die für eine wichtige Aufgabe gerüstet sind; doch jedesmal, wenn sie die Arbeit in Angriff nehmen wollen, wird zum Streik aufgerufen, oder die Pläne werden geändert, bis sie schließlich entmutigt sind und aufgeben.

Der Weg zur Gesundheit basiert auf dem Gesetz der Schwingung, das die Grundlage jeder Wissenschaft ist, und dieses Gesetz wird durch das Bewußtsein, die „innere Welt", in Gang gesetzt. Es ist eine Sache des persönlichen Bemühens und der Übung. Der Bereich unserer Kraft liegt im Innern. Wenn wir weise sind, werden wir keine Zeit und keine Mühe damit verschwenden, uns mit Wirkungen abzugeben, wie sie uns in der „äußeren Welt" begegnen, die nur eine äußere Widerspiegelung ist.

Wir werden immer die Ursache in der „Welt im Innern" finden. Indem wir die Ursache verändern, verändern wir die Wirkung. Jede deiner Körperzellen ist intelligent und wird deiner Weisung folgen. Die Zellen sind alle Schöpfer und werden genau das erschaffen, was du ihnen als Muster vorgibst. Wenn du dem Unterbewußtsein also vollkommene Bilder eingibst, werden die schöpferischen Energien einen vollkommenen Körper bauen.

Gehirnzellen sind genauso konstruiert. Die Beschaffenheit des Gehirns wird durch den Bewußtseinszustand oder die mentale Haltung geprägt: Wenn sich nicht wünschenswerte geistige Einstellungen dem Unterbewußtsein mitteilen, werden sie also wiederum auf den Körper übertragen. Darum können wir eines ohne weiteres erkennen: Wenn es unser Wunsch ist, daß unser Körper Gesundheit, Stärke und Lebenskraft ausstrahlt, muß dies unser beherrschender Gedanke sein.

Wir wissen dann weiterhin, daß jedes Element des menschlichen Körpers das Ergebnis einer Schwingungsfrequenz ist. Wir wissen, daß geistige Aktivität eine Schwingungsfrequenz ist. Wir wissen, daß eine höhere Schwingungsfrequenz eine niedrigere Schwingungsfrequenz modifiziert, kontrolliert, umwandelt oder zerstört. Wir wissen, daß die Schwingungsfrequenz durch die Beschaffenheit der Gehirnzellen bestimmt wird, und schließlich wissen wir, wie wir diese Gehirnzellen erschaffen können.

Daher wissen wir, wie wir jeden gewünschten Wandel in unserem Körper bewirken können, und da wir uns ausreichende Kenntnisse über die Macht des Bewußtseins in solch einem Ausmaß angeeignet haben, haben wir begriffen, daß unserer Fähigkeit, uns mit dem Naturgesetz, das allmächtig ist, in Harmonie zu bringen, praktisch keine Grenzen gesetzt sind.

Dieser Einfluß oder diese Macht des Bewußtseins über den Körper wird in zunehmendem Maße und in immer weiteren Kreisen besser verstanden, und viele Ärzte befassen sich ernsthaft mit diesem Gegenstand. Dr. Albert T. Shofield, der verschiedene wichtige Bücher über dieses Thema geschrieben hat, sagt: *„Das Thema Mentaltherapie wird in der medizinischen Literatur im allgemeinen noch ignoriert. In unseren Büchern über Physiologie findet sich kein Hinweis auf die zentrale Schaltstelle, die den Körper zu seinem Wohle lenkt, und die Macht des Bewußtseins über den Körper wird selten erwähnt."*

Das sollte nicht so sein. Die Möglichkeiten der Mentaltherapie sollten sorgfältiger, gezielt und aus wissenschaftlicher Sicht in jeder medizinischen Fakultät gelehrt werden. Wir mögen das Thema Mißhandlung oder unterlassene Behandlung bis in Einzelheiten abhandeln und die verheerenden Auswirkungen vernachlässigter Krankheitsfälle beschreiben, aber die Aufgabe ist peinlich.

Es besteht kein Zweifel daran, daß wenige Patienten sich darüber im klaren sind, wieviel sie selbst für sich tun können. Bisher ist noch nicht bekannt geworden, was der Patient

*selbst für sich tun kann und welche Kräfte er in Bewegung
setzen kann. Wir neigen zu der Annahme, daß sie noch weit
größer sind, als die meisten sich vorstellen, und daß sie
zweifelsfrei in immer höherem Maße Anwendung finden werden. Mentaltherapie kann vom Patienten selbst gesteuert werden, nämlich durch Beruhigung bei Aufregungen, und indem
er Gefühle der Freude, der Hoffnung, des Glaubens und der
Liebe erweckt, er sich zu Anstrengungen motiviert, regel-
mäßige geistige Arbeit unternimmt und die Gedanken von der
Krankheit ablenkt."*

Zur Übung konzentriere dich auf Tennysons schöne Zei-
len:

> *„Sprich du zu Ihm, denn Er hört,
> und Spirit kann Spirit begegnen.
> Er ist näher als dein Atem
> und näher als Hände und Füße."*

Dann versuche dir klarzumachen, daß du dann, wenn du
wirklich „zu Ihm sprichst", mit dem allmächtigen Inneren
Meister in Verbindung bist. Verwirklichung und Erkennen
dieser allmächtigen Kraft wird schnell jegliche Art von
Krankheit und Leiden beseitigen und Harmonie und Vollkommenheit an ihre Stelle setzen. Dann denke daran, daß es
Menschen gibt, die anscheinend glauben, daß Krankheit und
Leiden von Gott gesandt sind. Wäre das wirklich der Fall,
dann würden jeder Arzt, jeder Chirurg und jede Kranken-
schwester sich dem Willen Gottes widersetzen, und Kranken-
häuser und Sanatorien wären Stätten der Rebellion statt Hei-
me der Nächstenliebe. Natürlich führt diese Art der Schlußfolgerung ins Absurde, aber es gibt viele, die sich noch dieser
Idee hingeben.

Dann laß deine Gedanken bei der Tatsache verweilen, daß die Theologie bis vor kurzem versucht hat, einen undenkbaren Schöpfer zu erreichen, einen Schöpfer, der Wesen geschaffen habe, die der Sünde fähig seien, und dann zuließe, daß sie in alle Ewigkeit für solche Sünden bestraft würden. Natürlich konnte bei dieser außerordentlichen Unkenntnis nur herauskommen, daß Furcht entstand und nicht Liebe.

Das Wirken des wunderbaren Gesetzes der Liebe hat den Menschen immer und zu allen Zeiten zu der Überzeugung gebracht, daß es ein personifiziertes Wesen geben müsse, das auf ihre Bitten und Wünsche reagiert und Ereignisse beeinflußt, um ihren Anforderungen gerecht zu werden.

Hingabe ist wesentlich, denn sie ist das Bekennen persönlicher Ohnmacht. Sie ist die Einstellung, die einen sagen läßt: *„Ich allein kann gar nichts tun."* Vorausannahme ist ein Teil des großen Gesetzes, denn was wir von uns annehmen, das sind wir. Dieses Gesetz erhebt alle in höhere Lebensbereiche und leitet alle bewußten und unbewußten Bewegungen. Und natürlich lenkt es alle Ereignisse im Leben eines Aspiranten. Erst wenn er dieses Eine zu tun lernt, nämlich nach dem Gesetz der Vorausannahme zu leben, wird er das Leben verstehen und nicht mehr sein Opfer sein. Auf diese Weise lernt man, das eigene Leben in die Hand zu nehmen, und beginnt, die Tempel der Goldenen Weisheit auf den anderen Ebenen mit dem Inneren Meister aufzusuchen, um göttliches Wissen zu erlangen.

Wir werden dann eher geneigt sein, das Ideal eines Menschen zu schätzen, des Menschen, der nach dem Ebenbild Gottes geschaffen wurde, und wir werden dann bereitwillig das alles erschaffende Bewußtsein schätzen, das alles formt, aufrechterhält, hervorbringt und erschafft, was existiert. Die

Gelegenheit folgt der Wahrnehmung, Handeln folgt der Inspiration, Wachstum folgt dem Wissen, hervorragende Leistungen folgen dem Fortschritt. Zuerst kommt immer das
Spirituelle, dann erfolgt die Umsetzung in die unendlichen
und unbegrenzten Möglichkeiten der Verwirklichung.

Kapitel 23

Konzentration des Willens

Wenn wir die allmächtige Kraft erkennen, welche die
Quelle für alle Versorgungszufuhr ist, werden wir
unser Bewußtsein dieser Versorgungsquelle so anpas-
sen, daß es ständig alles anzieht, was es benötigt, und
wir werden feststellen: Je mehr wir geben, um so
mehr erhalten wir.

Bewußtsein für Geld beruht auf einer Geisteshaltung. Es ist die offene Tür zu den Arterien der Geschäftswelt. Es ist eine rezeptive Haltung. Der Wunsch ist die anziehende Kraft, die den Strom in Gang setzt, und Furcht ist das große Hindernis, das den Strom abschneidet oder völlig umkehrt und von uns fernhält. Furcht steht dem Bewußtsein für Geld genau entgegen. Sie ist das Armutsbewußtsein; und da das Gesetz unveränderlich ist, bekommen wir, was wir fürchteten. Geld webt sich mitten in das Gewebe unserer eigentlichen Existenz hinein. Es bedient sich des besten Gedankenguts der größten Geister.

Wir machen Geld dadurch, daß wir Freundschaften schließen, und wir vergrößern den Kreis unserer Freunde, indem wir für sie Geld machen, indem wir ihnen helfen, indem wir ihnen Dienste leisten. Das erste Gesetz des Erfolgs ist also das Dienen, und dieses basiert wiederum auf Integrität und Gerechtigkeit. Der Mensch, der nicht wenigstens gute Absichten hat, ist einfach unwissend. Ihm ist die Bedeutung des grundlegendsten Gesetzes allen Austauschs entgangen.

Er ist untragbar. Er wird mit absoluter Sicherheit verlieren. Möglicherweise weiß er es nicht und ist vielleicht sogar der Meinung, er sei dabei, zu gewinnen, aber er ist zur sicheren Niederlage verurteilt. Er kann die Unendlichkeit nicht betrügen. Das Gesetz der Kompensation wird „Auge um Auge" und „Zahn um Zahn" mit ihm abrechnen.

Die Lebenskräfte sind unbeständig. Sie setzen sich aus unseren Gedanken und Idealen zusammen, und diese wiederum nehmen Gestalt an. Unsere Aufgabe ist es, geistig offen zu sein, ständig nach Neuem Ausschau zu halten, eine Gelegenheit zu erkennen und mehr am Weg interessiert zu sein als am Ziel, denn die Freude liegt im Streben, nicht im Besitzen.

Du kannst dich zum Magneten für Geld machen, aber dazu mußt du zuerst daran denken, wie du für andere Menschen Geld machen kannst. Wenn du den erforderlichen Durchblick hast, Gelegenheiten und vielversprechende Bedingungen zu entdecken und sie dir zunutze zu machen und Werte zu erkennen, kannst du dich bereit machen, sie zu nutzen. Doch wird der größte Erfolg sich dann einstellen, wenn du in der Lage bist, anderen zu helfen. Was einem selbst nützt, muß allen nützen.

Ein großzügiger Gedanke ist von Stärke und Lebenskraft erfüllt. Ein selbstsüchtiger Gedanke enthält die Keime der Auflösung; er wird sich auflösen und verschwinden. Große Finanzgenies wie Morgan, Rothschild, Trump und andere sind ganz einfach Kanäle für die Verteilung von Wohlstand. Riesige Mengen kommen und gehen, aber es wäre genauso gefährlich, den Abfluß zu unterbrechen wie den Zufluß. Beide Enden müssen offen bleiben, und so wird sich unser größter Erfolg einstellen, wenn wir erkennen, daß es genauso wichtig ist zu geben, wie zu nehmen.

Wenn wir die allmächtige Kraft erkennen, welche die Quelle aller Versorgungszufuhr ist, werden wir unser Bewußtsein dieser Versorgungsquelle so anpassen, daß es ständig alles anzieht, was es benötigt, und wir werden feststellen: Je mehr wir geben, um so mehr erhalten wir. In diesem Sinne zu geben, bedeutet zu dienen. Der Bankier gibt sein Geld, der Kaufmann gibt seine Waren, der Schriftsteller gibt seine Gedanken, der Arbeiter seine Fertigkeiten. Alle haben etwas zu geben, aber je mehr sie geben können, um so mehr erhalten sie, und je mehr sie erhalten, um so mehr können sie geben.

Der Financier bekommt viel, weil er viel gibt. Er denkt und ist selten ein Mensch, der einen anderen Menschen für sich denken läßt. Er will wissen, wie man Ergebnisse erzielt; du mußt es ihm zeigen. Wenn du das kannst, wird er die Mittel bereitstellen, mit deren Hilfe Hunderte und Tausende Gewinne machen können, und in dem gleichen Verhältnis, wie sie erfolgreich sind, wird auch er erfolgreich sein. Morgan, Rockefeller, Carnegie, Rothschild, Trump und andere wurden nicht reich, weil sie das Geld anderer Leute verloren. Im Gegenteil, weil sie Geld für andere Menschen machten, wurden sie selbst die Reichsten im reichsten Land der Welt.

Der Durchschnittsmensch ist völlig ungeübt darin, tiefe Gedanken zu hegen. Er nimmt die Ideen anderer Menschen an und wiederholt sie fast so wie ein Papagei. Das wird auf Anhieb klar, wenn wir die Methoden verstehen, deren man sich bedient, um die öffentliche Meinung zu steuern, und diese fügsame Haltung einer großen Mehrheit, die vollkommen damit einverstanden zu sein scheint, daß einige Menschen das Denken für sie übernehmen, ermöglicht es einigen wenigen Menschen in einer Vielzahl von Ländern, alle Bereiche der Macht an sich zu reißen und Millionen von Menschen zu unterdrücken. Kreatives Denken erfordert Aufmerksamkeit.

Die Fähigkeit der Aufmerksamkeit nennt man Konzentration. Diese Fähigkeit wird vom Willen gesteuert. Aus diesem Grund müssen wir es ablehnen, uns auf irgend etwas anderes zu konzentrieren oder an etwas anderes zu denken als an die Dinge, nach denen wir streben. Viele konzentrieren sich ständig auf Kummer, Verlust und jede Art von Disharmonie. Da das Denken kreativ ist, folgt daraus logischerweise, daß diese Konzentration unweigerlich zu mehr Verlust, mehr Kummer, mehr Disharmonie führt. Wie könnte es anders sein? Wenn uns andererseits Erfolg, Gewinn oder irgendein anderer erstrebenswerter Zustand begegnet, konzentrieren wir uns natürlich auf die Auswirkungen dieser Dinge und erschaffen dadurch mehr, und daraus folgt: Wenn man viel hat, bekommt man noch mehr.

Wie man das Wissen über dieses Prinzip in der Geschäftswelt in die Tat umsetzen kann, wird treffend von Mr. Atkinson in *„Advanced Thought"* (Fortschrittliches Denken) beschrieben. Er sagt: *„Spirit oder was er sonst noch sein mag oder nicht sein mag, muß man als die Essenz des Bewußtseins betrachten, die Substanz des Geistes, die Realität, die dem Denken zugrundeliegt. Und da alle Ideen Phasen der Aktivität des Bewußtseins, des Geistes oder des Denkens sind, folgt daraus, daß man im Spirit, und nur in ihm allein die letztendliche Wirklichkeit findet, die eigentliche Sache oder die Idee."*

Scheint die Annahme, daß gründliche Kenntnisse des Spirit und seiner Manifestationsgesetze die „praktischste" Sache sei, die ein „praktischer" Mensch zu finden hoffen kann, nicht vernünftig? Scheint es nicht gewiß, daß die „praktischen"

Menschen dieser Welt, sollte ihnen diese Tatsache nur aufgehen, sich überschlagen würden, um dorthin zu gelangen, wo sie solches Wissen über spirituelle Dinge und Gesetze finden? Diese Menschen sind ja keine Narren. Sie brauchen nur diese grundlegende Tatsache zu begreifen, um sich auf das zuzubewegen, was das Wesentliche aller Leistung ist.

Ich kenne einen Mann in Chicago, den ich immer für ziemlich materiell eingestellt gehalten hatte. Er war in seinem Leben mehrfach erfolgreich gewesen und hatte auch mehrere Niederlagen erlitten. Bei unserem letzten Gespräch war er praktisch „am Boden", verglichen mit seiner früheren Geschäftslage. Es sah so aus, als sei er tatsächlich „mit seinem Latein am Ende", denn er war schon vorgerückten Alters, und neue Ideen kamen ihm langsamer und weniger häufig als in früheren Jahren.

Er sagte im Wesentlichen zu mir, daß alles, was im Geschäftsleben „gelinge", das Ergebnis von Denken sei und daß es ihm an Gedanken und guten Ideen mangele. Wenn aber die Lehre vom „All-Bewußtsein" richtig sei, sollte der Mensch in der Lage sein, direkten Zugang zum Unbegrenzten Bewußtsein zu bekommen. Im Unbegrenzten Bewußtsein müßten sich alle möglichen guten Ideen finden lassen, die ein Mensch, so mutig und erfahren wie er, mit Erfolg in der Geschäftswelt in die Praxis müßte umsetzen können. Er hielte das für gut, und er würde sich damit vertraut machen.

Das geschah vor etwa zwei Jahren. Neulich hörte ich wieder etwas über diesen Mann. Bei einem Gespräch mit einem Freund sagte ich: *„Was ist aus unserem alten Freund geworden? Ist er jemals wieder auf die Beine gekommen?"* Der Freund blickte mich erstaunt an: *„Nanu, weißt du gar nichts von seinem großen Erfolg? Er ist der Große Mann bei* (und er nannte einen Konzern, der in den vergangenen 18 Monaten phänomenale Erfolg gehabt hatte und nun aufgrund der Werbung landauf, landab und auch im Ausland sehr gut bekannt ist.) *"Er ist der Mann, dem jener Konzern die „große Idee" verdankt. Nun, er besitzt jetzt etwa eine halbe Million und bewegt sich mit Riesenschritten auf eine Million zu, und das alles innerhalb von achtzehn Monaten."*

Ich hatte diesen Mann nicht mit dem Unternehmen in Verbindung gebracht, obwohl mir der wunderbare Erfolg der betreffenden Firma bekannt ist. Eine Überprüfung hat erwiesen, daß die Geschichte stimmt und daß die oben genannten Fakten nicht übertrieben sind. Nun, was hältst du davon? Wenn du mich fragst, heißt das, daß dieser Mann tatsächlich mit dem Unbegrenzten Bewußtsein „direkte Verbindung" aufnahm - mit Spirit - und nachdem er ihn gefunden hatte, machte er ihn sich zunutze. Er benutzte ihn in seinem Unternehmen.

Laß den Begriff Persönlichkeit beiseite, wenn du dir das „Unendliche" vorstellst, und dann begreifst du die Kraft der Unendlichen Gegenwart, die Quintessenz des Bewußtseins, die man als Manifestation des Spirit betrachten muß. Da man auch den Menschen als Manifestation des Spirit ansehen muß, ist es kein Sakrileg zu denken, daß er sich, da er ja Spirit ist, mit seinem Ursprung und seiner Herkunft harmonisieren könne und in der Lage sein sollte, zumindest einen kleineren Teil seiner Macht zu manifestieren. Wir alle tun das mehr oder weniger, wenn wir unseren Verstand dem kreativen Denken entsprechend gebrauchen. Der Mann aus dem oben genannten Beispiel tat mehr und packte die Sache auf eine äußerst „praktische" Weise an.

Er zapfte nicht nur die unendlichen Quellen an, um an die Ideen zu gelangen, die er brauchte - und die den Grundstock seines Erfolges bildeten - , sondern nutzte die kreative Kraft des Denkens auch dazu, sich ein vollendetes Muster zu gestalten, das er in materielle Form umzusetzen hoffte, indem er von Zeit zu Zeit etwas hinzufügte, veränderte, die Einzelheiten verbesserte und sich vom allgemeinen Entwurf bis zum fertigen Detail vorarbeitete. Andere Prominente haben auf ähnliche Weise kreativem Denken zur Manifestation verholfen.

Wer vor der Vorstellung zurückschreckt, sich die unendliche Kraft für seine Arbeit in der materiellen Welt zunutze zu machen, sollte daran denken, daß wenn das Unendliche nur den geringsten Einwand gegen ein solches Vorgehen hätte, die Sache nie geschehen könnte. Das Unendliche ist sehr wohl in der Lage, auf sich aufzupassen. Spiritualität ist anwendbar, sehr leicht anwendbar. Sie lehrt, daß Spirit das Wahre ist, die Gesamtheit, und daß Materie nur die Knetmasse ist, die Spirit benutzt, um nach seinem Willen zu erschaffen, zu formen, zu beeinflussen und zu gestalten. Spiritualität ist die zweckmäßigste Sache der Welt - die einzige wirklich und absolut „praktische" Sache, die es gibt.

Konzentriere dich auf die Tatsache, daß der Mensch nicht ein Körper mit Spirit ist, sondern Spirit mit einem Körper, und daß aus diesem Grund seine Wünsche unmöglich auf Dauer von irgend etwas zufriedengestellt werden können, das nicht spirituell ist. Darum hat Geld keinen Wert, außer daß es für den Zweck steht, uns die Umstände zu ermöglichen, die wir uns wünschen, und daß diese Umstände notwendigerweise harmonisch sind. Harmonische Umstände erfordern ausreichenden Vorrat; wenn sich also irgendein Mangel einstellt, sollten wir uns darüber im klaren sein, daß die Idee oder Seele des Geldes das Dienen ist. Sobald dieser Gedanke Gestalt annimmt, öffnen sich Zuflüsse für den Nachschub, und du wirst zu deiner Zufriedenheit feststellen, daß spirituelle Methoden ganz und gar praktisch sind.

> *„Wir haben entdeckt, daß vorausplanendes, metho-*
> *disches, zielorientiertes Denken dieses Ziel zu*
> *solider Form heranreifen läßt, so daß wir uns der*
> *Ergebnisse unseres dynamischen Experiments*
> *absolut sicher sein können."*
> *Francis Larimer Warner*

Kapitel 24

Falsches Denken

Wenn die „Wahrheit" erscheint, kann Irrtum in kei-
nerlei Form weiter existieren; folglich besteht deine
gesamte geistige Arbeit darin, ein Verständnis dessen
zu entwickeln, was Wahrheit ist. Das befähigt dich,
jede Form von Mangel und Begrenzung oder Krank-
heiten aller Art zu überwinden.

Als die Wissenschaftler erstmals die Sonne in das Zentrum des Universums setzten und die Erde um sie kreisen ließen, entstand ungeheure Verwunderung und Bestürzung. Die ganze Idee war ganz offensichtlich falsch. Nichts galt als mehr gesichert als der Lauf der Sonne um den Himmel, und jedermann konnte sehen, wie sie hinter den Hügeln im Westen unterging und im Meer versank. Die Gelehrten tobten, und die Wissenschaftler verwarfen die Vorstellung als absurd, doch überzeugten die Anzeichen letztendlich alle von ihrer Richtigkeit.

Wir sprechen von der Glocke als einem „Klangkörper". Doch das einzige, was die Glocke kann, ist, das wissen wir, Schwingungen in der Atmosphäre zu erzeugen. Wenn diese Schwingungen eine Frequenz von 16 Schwingungen/sek erreichen, erzeugen sie einen für das Bewußtsein wahrnehmbaren Ton. Das Bewußtsein ist in der Lage, 38000 Schwingungen pro Sekunde wahrzunehmen. Wenn diese Zahl überschritten wird, herrscht wieder Stille. Daran erkennen wir, daß der Klang nicht in der Glocke ist, sondern in unserem eigenen Bewußtsein.

In unserem Sprachgebrauch und sogar in unserem Denken „gibt" die Sonne „Licht". Doch eigentlich wissen wir, daß sie nur Energie aussendet, welche im Äther Schwingungen von 400 Trillionen/sek und damit die sogenannten Lichtwellen erzeugt. Uns ist bekannt, daß das, was wir Licht nennen, nur eine Form von Energie ist, und daß das Licht nur in der Wahrnehmung besteht, die durch die Bewegung der Wellen in unserem Bewußtsein verursacht wird.

Wenn die Anzahl zunimmt, ändert das Licht seine Farbe, wobei jede Farbänderung die Folge kürzerer und schnellerer Wellen ist. Obwohl wir die Rose als rot bezeichnen, das Gras als grün, oder den Himmel als blau, ist uns doch klar, daß die Farben nur in unserer Vorstellung existieren. Sie sind Wahrnehmungen, die wir als das Ergebnis der Schwingungen von Lichtwellen erfahren. Wenn die Schwingungen unter 400 Trillionen/sek liegen, wirken sie nicht mehr als Licht auf uns, sondern als Wärme. Daher ist klar, daß wir uns von der Wahrnehmung unserer Sinne als Informationsquelle über die Realität von Erscheinungsformen nicht abhängig machen können. Wenn wir es doch täten, würden wir glauben, die Sonne bewege sich und die Erde sei nicht rund, sondern flach, und die Sterne seien Lichtpünktchen und keine Riesensonnen.

Die ganze Skala von Theorie und Praxis eines jeden Bereichs der Metaphysik besteht also darin, die Wahrheit über dich zu erfahren und über die Welt, in der du lebst. Um Harmonie auszustrahlen, mußt du Harmonie denken. Um Gesundheit auszustrahlen, mußt du Gesundheit denken, und um Fülle um dich zu haben, mußt du Fülle denken. Dazu mußt du umkehren, was die Sinne dir weismachen wollen.

Wenn dir klar ist, daß jede Form von Leiden, Krankheit, Mangel und Begrenzung nur das Ergebnis falschen Denkens ist, wirst du auch die „Wahrheit" kennen, „die dich befreit". Du wirst erleben, wie man Berge versetzen kann. Wenn diese Berge auch nur aus Zweifel, Furcht, Argwohn oder anderen Arten der Mutlosigkeit bestehen, sind sie trotzdem Realität, und es genügt nicht, sie zu entfernen, sie müssen „ins Meer geworfen werden".

Deine eigentliche Arbeit besteht darin, dich selbst von der Wahrheit dieser Aussagen zu überzeugen. Wenn dir das gelungen ist, wird es dir nicht schwerfallen, Wahrheit zu denken, und, wie wir gesehen haben, enthält die Wahrheit ein lebenswichtiges Prinzip und wird sich manifestieren. Alle, die sich mentaler Methoden beim Heilen bedienen, haben diese Wahrheit erkannt. Sie stellen sie täglich in ihrem eigenen Leben und in dem anderer Menschen unter Beweis. Sie wissen, daß Leben, Gesundheit und Fülle allgegenwärtig sind, daß sie allen Raum durchdringen, und sie wissen, daß alle Menschen, die zulassen, daß Krankheiten und Mangel aller Art sie heimsuchen, dieses große Gesetz noch nicht verstanden haben.

Sei dir darüber im klaren, daß dies eine der Aussagen ist, die überaus schwer zu begreifen und gleichzeitig doch die wunderbarste ist, ganz gleich, wo und worin die Schwierigkeit liegt, und ganz gleich, wer betroffen ist, du hast keinen anderen Patienten als dich selbst. Du mußt nichts weiter tun, als dich selbst von der Wahrheit überzeugen, deren Manifestation du dir wünschst. Das ist eine exakte, wissenschaftliche Aussage, die mit jedem System der Metaphysik übereinstimmt, das es gibt. Auf keine andere Weise kann man jemals dauerhafte Ergebnisse erzielen.

Jede Art der Konzentration, jede Art von mentalen Bildern, Argumenten und von Autosuggestion sind ganz einfach

Methoden, die dich befähigen, die Wahrheit zu vollziehen. Wenn du gern jemandem helfen möchtest, einen Mangel zu beheben, eine Begrenzung zu beseitigen oder einen Irrtum zu korrigieren, ist die richtige Methode die, nicht an denjenigen zu denken, dem du helfen möchtest. Die Absicht, ihm zu helfen, ist vollkommen ausreichend, da dich das geistig mit ihm in Verbindung bringt. Dann verbanne jeden Gedanken an Mangel, Begrenzung, Krankheit, Gefahr, Schwierigkeit, oder was immer das Problem sein sollte, aus deinem Kopf. Sobald das gelungen ist, ist das Ziel erreicht, und jener Mensch ist frei.

Denke daran, Denken ist kreativ; darum muß dir jedesmal, wenn du deinen Gedanken erlaubst, sich mit irgendwelchen unharmonischen Umständen zu beschäftigen, klar sein, daß solche Umstände nur äußere Erscheinungen, aber keine Realität sind. Die einzige Realität ist Spirit, und er kann niemals weniger als perfekt sein. Alles Denken ist eine Form von Energie, eine Schwingungsfrequenz, aber ein Gedanke an die Wahrheit ist die höchste Schwingungsfrequenz, die uns bekannt ist, und folglich beseitigt sie Irrtum in jeder Form auf genau die gleiche Weise, wie das Licht die Dunkelheit vertreibt. Kein Irrtum in irgendeiner Form kann weiterbestehen, wenn die „Wahrheit" erscheint; deine ganze Denkarbeit besteht also darin, Wahrheit mehr und mehr zu verstehen. Das wird dir helfen, jede Art von Mangel, Beschränkung oder Krankheit zu überwinden.

Über die äußere Welt können wir die Wahrheit nicht erfassen, die äußere Welt ist nur relativ. Wahrheit ist absolut. Darum müssen wir sie in der „inneren Welt" finden. Wenn wir unseren Verstand so schulen, daß wir nur Wahrheit sehen, bedeutet das, daß wir nur Umstände schaffen, die der Wahrheit entsprechen. Unser Fortschritt zeigt sich an unserer Fähigkeit, dies zu tun.

Die absolute Wahrheit ist, daß das „Ich", die Seele, vollkommen und vollständig ist. Das wahre „Ich" ist spirituell und kann daher niemals weniger als vollkommen sein. Es kann niemals Mangel, Begrenzung oder Krankheiten unterliegen. Der Geistesblitz des Genies hat seinen Ursprung nicht in der Bewegung der Moleküle des Gehirns; er ist eine Inspiration des spirituellen „Ich", das eins ist mit dem Universalen Bewußtsein. Wir sind in der Lage, diese Einheit zu erkennen, die Quelle aller Inspiration, aller Genialität. Die Auswirkungen haben eine weitreichende Wirkung und werden für zukünftige Generationen spürbar sein. Sie zeichnen den Weg vor, dem Millionen folgen werden.

Zur Wahrheit gelangt man nicht durch Training in Logik oder im Experimentieren oder gar Beobachten. Sie ist das Ergebnis eines entwickelten Bewußtseins. In einem Menschen wie Cäsar kommt die Wahrheit in seinem Verhalten, seinem Leben und seinen Taten zum Ausdruck, in seinem Einfluß auf soziale Reformen und auf den Fortschritt. Dein Leben und deine Taten und dein Einfluß in der Welt werden davon abhängen, welches Ausmaß an Wahrheit du wahrnehmen kannst, denn Wahrheit wird sich nicht in Glaubensbekenntnissen äußern, sondern im Verhalten.

Wahrheit drückt sich im Charakter aus, und der Charakter des Menschen sollte sich darin äußern, wie er seine Religion versteht, oder darin, was für ihn Wahrheit ist, und das wird sich wiederum in der Art seiner Besitztümer zeigen. Wenn sich ein Mensch über schwindendes Vermögen beklagt, ist er genauso unfair sich selbst gegenüber, als würde er ver-

nunftgemäße Wahrheit verleugnen, obwohl sie unwiderleg-
bar vor ihm steht.

Unsere Umgebung und die unzähligen Umstände und Zu-
fälle unseres Lebens bestehen bereits in der unterbewußten
Persönlichkeit, die das geistige und physische Material an
sich zieht, das ihrer Natur entspricht. Daher wird unsere Zukunft von unserer Gegenwart bestimmt. Wenn es in unserem
persönlichen Leben eine scheinbare Ungerechtigkeit gibt,
müssen wir im Innern nach der Ursache forschen und den
geistigen Tatbestand aufspüren, auf den die äußere Manifestation zurückzuführen ist.

Diese Wahrheit ist es, die dich „befreit"; bewußte Erkenntnis dieser Wahrheit wird dich befähigen, jede Schwierigkeit
zu überwinden. Die Umstände, denen du in der äußeren Welt
begegnest, sind ausnahmslos das Ergebnis der Umstände der
Welt im Innern. Daraus folgt mit wissenschaftlicher Genauigkeit, daß du ideale Umstände in deiner Umgebung herbeiführen kannst, indem du das vollkommene Ideal in deinem
Bewußtsein festhältst.

Wenn du nur das Unvollkommene, das Unvollendete, das
Relative, das Begrenzte siehst, werden diese Umstände sich
in deinem Leben verwirklichen, aber wenn du deinen Verstand dahingehend schulst, daß er das spirituelle Selbst, das
Ich, sieht und erkennt, das allezeit vollkommen, vollständig
und harmonisch ist, dann werden sich heilsame und gesunde
Umstände einstellen. Da das Denken kreativ ist und die Wahrheit der höchste und vollkommenste Gedanke, den je ein
Mensch hegen kann, wäre also offensichtlich, daß Wahrheit
zu denken bedeutet, zu erschaffen, was wahr ist. Und wieder
wird offenbar: Wenn Wahrheit sich einstellt, muß alles Ver-
kehrte aufhören zu sein.

Das Universale Bewußtsein ist die Gesamtheit allen Bewußtseins, das es gibt. Spirit ist Bewußtsein, weil Spirit intelligent ist. Darum sind die Wörter synonym. Die Schwierigkeit, mit der wir zu kämpfen haben, liegt darin, zu erkennen, daß Bewußtsein nicht individuell ist. Es ist allgegenwärtig. Es ist überall. Mit anderen Worten, es gibt keinen Ort, wo es nicht ist. Daher ist es universal.

Die Menschen haben im allgemeinen das Wort „Gott" als Bezeichnung für dieses universale, schöpferische Prinzip gebraucht, aber das Wort „Gott" vermittelt nicht die richtige Bedeutung. Unter diesem Wort verstehen die meisten Menschen, daß er etwas ist, was außerhalb von ihnen liegt, wo doch genau das Gegenteil der Fall ist. Er ist unser eigentliches Leben. Ohne ihn würden wir aufhören zu sein. In dem Augenblick, wo Spirit den Körper verläßt, ist der Körper ein Nichts, nur eine Lehmhülle. Darum ist Spirit unser ganzes Sein.

Nun, die einzige Tätigkeit, die Spirit ausübt, ist die des Denkens. Folglich muß das Denken kreativ sein, weil Spirit kreativ ist. Diese kreative Kraft ist unpersönlich, und deine Fähigkeit zu denken, ist deine Fähigkeit, sie zu steuern und sie zu deinem Wohle und zu dem anderer zu nutzen. Wenn du die Wahrheit dieser Aussage erkannt und verstanden hast und zu würdigen weißt, hast du den Universalschlüssel in Besitz genommen, aber denke daran, daß nur jemand, der weise genug ist zu verstehen, weitsichtig genug, die Fakten abzuwägen, standhaft genug, seinem Urteilsvermögen gemäß zu handeln, und stark genug, die Hingabe aufzubringen, Zugang zu diesen Wundern erhalten und an ihnen teilhaben kann.

Zur Übung versuche dir klarzumachen, daß die Welt, in der wir leben, wahrhaft wunderbar ist, daß du ein wundervolles Wesen bist, daß viele im Begriff sind, zum Wissen über die Wahrheit zu erwachen. Und so schnell, wie sie erwachen und die *„Dinge, die für sie bereitgestellt sind"*, erkennen, wird auch ihnen klar, was *„das Auge nicht gesehen, das Ohr nicht vernommen, noch bis zum Herzen des Menschen gedrungen ist"*: Die Herrlichkeit, die auf alle wartet, die sich im Gelobten Land wiederfinden. Sie haben die Flüsse des Urteilens überquert und sind an dem Punkt angelangt, wo sie zwischen Wahrem und Unwahrem unterscheiden können, und sie haben erkannt, daß alles, was sie jemals erstrebten und sich erträumten, nur eine schwache Vorstellung von der strahlenden Wirklichkeit ist.

„Eine Erbschaft von Grund und Boden kann einem wohl hinterlassen werden, ein Erbe an Wissen und Weisheit nicht. Der Reiche mag andere dafür bezahlen, daß sie für ihn arbeiten, aber es ist ihm unmöglich, jemand anderen für sich denken zu lassen oder Bildung zu kaufen."

S. Smiles

Bisher in deutscher Sprache erschienene Bücher von
Darwin Gross:

ERWECKTE IMAGINATION

Die Anwendung der Imagination kann unser Verständnis vom
spirituellen Leben erweitern und uns im täglichen Leben helfen. Vorstellungskraft ist eine Fähigkeit der Seele, durch die
wir Liebe zu allem Leben und das wahre Potential in uns
entfalten können.
122 Seiten   14,- DM

DIE KRAFT DER BEWUSSTHEIT

Hier wird veranschaulicht, wie man seine äußere Welt verändern kann, indem man seine Auffassung über das Selbst verändert. Das ist der Weg, Herr über das eigene Schicksal zu
werden.
109 Seiten   14,- DM

LICHT IST ERKENNTNIS

Der Weg zu höherem Bewußtsein liegt nicht unter oder über
uns oder zu unserer Linken oder Rechten. Er liegt in uns. Die
spirituellen Übungen des HU und die Wahrnehmung des
Lichts wecken die Bewußtheit der Seele, des göttlichen Funkens in uns. Es lohnt sich, diesen Kurs zu studieren.
247 Seiten   19,- DM

DER INNERE TRECK

Das innere Leben ist eine große spirituelle Reise. Bevor man
sich auf den Weg macht, ist ein bestimmtes Maß an Vorbe-
reitung notwendig. Erlerne den direkten Weg!
129 Seiten   14,- DM

Bestellungen und Informationen über Bücher, Musik und das
Studienprogramm bei:

Kontemplative Studien
Asternweg 17
D-67346 Speyer